EXAMEN CRITIQUE

DU SIÈCLE

ET

PLAN D'AMÉLIORATIONS SOCIALES.

DÉDIÉ

AU ROI ET AU PEUPLE;

PAR F. DUMONS (DE LA GIRONDE).

Prix : 2 fr. 50 cent. au profit des pauvres.

PARIS,

IMPRIMERIE DE D'URTUBIE ET WORMS,

Rue Saint-Pierre-Montmartre, 17.

Février 1839.

EXAMEN CRITIQUE

DU SIÈCLE;

PLAN D'AMÉLIORATIONS SOCIALES.

EXAMEN CRITIQUE

DU SIÈCLE

ET

PLAN D'AMÉLIORATIONS SOCIALES.

DÉDIÉ

AU ROI ET AU PEUPLE;

PAR F. DUMONS (DE LA GIRONDE).

PARIS,

IMPRIMERIE DE D'URTUBIE ET WORMS,

Rue Saint-Pierre-Montmartre, 17

—

Février 1839.

SIRE, PEUPLE,

Je vous dédie mon travail :

A V. M., SIRE, parce que les sentimens que j'y exprime et les opinions que j'y professe sont vrais et sincères, libres et indépendants, dégagés de toute passion, de toute ambition.

A vous, Peuple, parce que, sorti du peuple, mes
sympathies sont surtout pour le Peuple.

Je le dédie au Roi et au Peuple, parce que le Roi
et le Peuple s'impliquent l'un l'autre, et parce que
leurs intérêts sont unis, de même que le père et l'enfant ne se comprennent pas l'un sans l'autre, de
même que l'intérêt du père est celui de l'enfant.

Jusqu'ici les factions ont représenté le Roi et le
Peuple comme ennemis-nés l'un de l'autre et comme
ayant des intérêts opposés : c'est une erreur que
la raison repousse, que la justice combat, que la
vérité réprouve : le Roi et le Peuple doivent être
unis, les intérêts du Roi sont ceux du Peuple, les
intérêts du Peuple sont ceux du Roi ; le Peuple sou-
tient le Roi, le Roi doit défendre les intérêts du
Peuple.

C'est un homme du Peuple, c'est un ami de l'ordre qui, au milieu de l'agitation générale des esprits
et des passions diverses qui se meuvent, chacun dans
sa sphère et son intérêt personnel et non point dans

l'intérêt véritable du Peuple, ose dire et proclamer hautement et publiquement son opinion, au risque de froisser des intérêts nombreux et puissans, parce que cet homme est fort de sa conscience, parce que cette opinion repose sur une conviction sincère et sur la vérité, et ne saurait dès-lors être suspecte à personne, sinon aux méchans.

J'espère donc que mon travail sera accueilli et par le Roi et par le Peuple.

Je suis, avec le plus profond respect ,

SIRE,

De votre Majesté,

Le très-humble et très obéissant serviteur;

PEUPLE,

Salut fraternel ,

F. DUMONS (de la Gironde).

EXAMEN CRITIQUE

DU SIÈCLE;

PLAN D'AMÉLIORATIONS SOCIALES.

C'est un devoir sacré pour l'homme d'employer toutes ses forces, toutes ses facultés, tous ses moyens au bien de l'humanité;

Et celui qui, ayant la science du mal à guérir et du bien à opérer, reste indifférent ou inactif, se rend coupable du crime de lèse-humanité.

La première condition du bonheur de l'homme, c'est son bien-être matériel (1).

Multiplier la richesse, afin d'augmenter la fortune de celui qui possède, d'améliorer le présent et assurer l'avenir de celui qui ne possède pas.

Préparer l'amélioration morale, la civilisation universelle, la stabilité, l'état normal de la société par son amélioration matérielle.

Faire le bien par tous et pour tous.

L'union fait la force; l'isolement produit la faiblesse.

A l'association appartient la puissance d'exécution, l'avenir.

L'intérêt est le mobile des actions de l'homme.

(DURANTON , *Cours de droit civil.*)

Dominer l'intérêt de l'homme, c'est le dominer lui-même de la manière la plus sûre.

Intéressez tout le monde à votre conservation et tout le monde veillera sur vous.

Unissez vos intérêts à ceux d'autrui, de manière que chacun ne puisse blesser vos intérêts sans compromettre les siens propres, et vos intérêts seront respectés.

L'homme aime entre tous les hommes celui qui le rend heureux.

Pour quiconque observe et réfléchit, l'état actuel de la société est de nature à faire concevoir de

(a) L'homme vit ayant que de penser.

graves inquiétudes, si on ne prend soin de conjurer l'orage qui menace d'éclater.

Après avoir subi diverses transformations dont le but était bon sans doute, mais dont les conséquences, poussées à l'excès, ont été funestes, parce que la voie qu'on a suivie était mauvaise, la société est tombée dans un état de démoralisation et de corruption qui nous semble en compro·mettre jusqu'aux fondemens;

Et l'équilibre, cette condition première d'ordre, de stabilité, de durée en toutes choses, n'existe plus.

Si on considère, en effet, les principales transformations que la France a subies de nos temps : les révolutions de 89 et de 1830 et la restauration;

Et si l'on compare l'é'at des esprits aux momens qui ont précédé ces événemens avec leur état actuel;

En tenant compte toutefois de la différence que la civilisation a apportée entre ces diverses époques et d'où résulte : chez l'homme une détermination et dans les choses une exécution plus promptes, en même temps que les moyens sont moins violens;

On reconnaîtra que l'état actuel de la société présente la plus parfaite analogie avec les temps qui ont précédé immédiatement les événemens que nous signalons et tous les symptômes d'une *transformation sociale prochaine.*

Sous la féodalité on voit, en effet, le peuple,

fatigué du servage et de la domination de l'homme, exprimer hautement ses murmures, résister à la loi et réclamer son affranchissement.

Au déclin de l'empire, on voit le monde et les soldats eux-mêmes, épuisés des fatigues de la guerre, faire entendre leurs plaintes, appeler la paix, résister aux ordres du chef et abandonner le champ de bataille.

Et vers la fin de la restauration, on voit les esprits inquiets et irrités, manifester sans déguisement leur blâme et leurs résolutions et se préparer, en secret, à la défense de leur liberté menacée, comme l'ennemi qu'on a défié et qui attend l'attaque.

On voit enfin à ces diverses époques, des réunions populaires, des tentatives, des coalitions, toujours dissipées, avortées ou détruites ; mais revenant chaque fois plus fortes, plus consistantes, plus déterminées.

Et cependant le mal n'était peut-être alors, ni si grand ni si général qu'il l'est aujourd'hui, surtout d'une manière relative.

Or, n'est-ce pas là ce qui se passe de nos jours ? Le peuple souffre, il a le sentiment de sa souffrance, il en voit la cause, il la signale et se plaint ouvertement ; il se coalise, il se révolte, il refuse le service, il résiste à la loi.

Sans doute, maintenant comme autrefois, on dissipe les coalitions, on impose le service et on fait triompher la loi par la force matérielle du droit; on étouffe momentanément les plaintes et on allégit la souffrance par des secours passagers ou des semblans d'amélioration; mais les secours s'épuisent, l'illusion cesse et le mal fait des progrès avec le temps, ne fût-ce que moralement par le souvenir de la défaite ou de la déception; il s'étend et se généralise; et quand il sera arrivé au plus haut degré, quand les esprits, désabusés, auront atteint le paroxisme de l'irritation, le peuple lèvera l'étendard de l'insurrection : il se fera justice lui-même et s'affranchira de la servitude qui l'opprime.

Et il est à remarquer qu'en fait de transformations sociales ou politiques, les hommes éprouvent le même besoin et prennent la même détermination au même instant, comme si une émanation aérienne communiquait leurs idées respectives à tous les lieux et à tous les hommes en même temps : aussi voit-on une corrélation parfaite exister entre la reproduction simultanée, à des lieux différens, des mêmes symptômes : et c'est là ce qui justifie les causes et la nécessité des transformations.

Or, ces transformations sont douces et progressives ou brusques et violentes, selon qu'elles se trouvent conformes aux intérêts de tous, ou qu'elles sont réclamées par des intérêts froissés à des intérêts oppresseurs, qui opposent une résistance injuste.

C'est ce qui distingue les différentes transformations accomplies que nous venons de signaler : celles de 89 et 1830 ont été violentes, la première, parce

que l'état des masses réclamait une amélioration devenue nécessaire, que leur refusait la féodalité, et la
seconde, parce que la nation était menacée d'une
nouvelle féodalité ; tandis que celle de la restauration a été douce , parce qu'elle était dans l'intérêt
de tous, et conforme au vœu et au bien général :
la paix et la prospérité.

La transformation prochaine que nous prévoyons
doit être violente de sa nature , parce qu'il y a
oppression de la masse par quelques-uns dans leur
intérêt personnel.—Elle aura ce caractère , si la
résistance dure et si on laisse ainsi le corps et
l'esprit arriver au dernier degré de la souffrance et
de l'irritation;— mais elle peut être douce et s'opérer progressivement, si on la prévient par des améliorations suffisantes.

Or, la raison , la connaissance dés hommes et
l'expérience des événemens , nous démontrent que
les moyens violens sont également funestes aux
peuples en général, comme à ceux qui les emploient
et à ceux vis-à-vis de qui on les exerce.

Aux peuples, parce que la violence égare l'esprit
et le cœur et blesse les principes de raison , de
modération, d'équité, de justice et d'humanité qui
doivent présider à toutes les actions des hommes ;
parce qu'elle consacre l'insurrection qui est un
principe destructeur ;

A ceux qui en sont l'objet, parce que dans l'em-
portement on dépasse presque toujours le but qu'on
se propose, qu'on n'en sort presque jamais pur

d'excès, et que d'ailleurs les innocens paient pour les coupables, selon une façon de dire vulgaire, mais vraie;

A ceux qui les exercent enfin, parce que, pendant la lutte, emportés par leur passion, ils manquent de la présence d'esprit nécessaire pour songer à leurs intérêts, et que le fruit de la victoire leur est ravi par ceux-là mêmes qui les ont poussés au combat.

Que si on prend, en effet, pour exemple la révolution de 89, qui a été une des plus violentes transformations qu'offre l'histoire des peuples, quel enseignement recueillera-t-on?

Qu'en est-il résulté pour la *nation?* Qu'est-il sorti de cette mare de sang, autre chose que l'instabilité de nos institutions et le principe de l'insurrection, de la destruction?

Qu'est-il résulté pour les *vaincus* de cette révolution faite au nom de la liberté, de la justice et de l'humanité?... La spoliation de leurs biens et la violation de leurs personnes; le vol et l'assassinat... Ils avaient refusé la liberté, on les a garrottés, persécutés, tyrannisés; ils avaient refusé une obole, on les a dépouillés!

Qu'est-il enfin revenu au *peuple* de cette révolution faite au nom du peuple, dans l'intérêt du peuple et par le peuple?... Le *droit* d'être libre sans doute; mais avec ce droit, vain pour lui, puisqu'il ne sait qu'en faire, l'inquiétude, les soucis et la misère! — Il s'est affranchi de la *servitude légale de l'homme*, mais pour tomber dans un *esclavage de fait* plus grand, plus tyrannique, plus immoral et plus funeste : *l'esclavage de l'argent !*

Il nous semble donc urgent dans l'intérét du riche comme du pauvre, des classes supérieures comme du peuple, de s'occuper sérieusement des améliorations que l'état de la société réclame.

C'est dans ce but que nous allons émettre quelques réflexions qui auront pour objet de rechercher et définir la cause du mal, afin d'appliquer convenablement le remède ; nous indiquerons ensuite les moyens d'amélioration qui nous paraissent suffisans et capables d'opérer sans choc, sans violence, sans ébranlement, *sans blesser aucun intérét*, et par conséquent sans danger ; mais au contraire d'une manière douce et progressive, conforme à nos mœurs, à nos usages, à nos lois, à l'état et à l'esprit du siècle enfin, et *favorable aux intérêts de tous*, du maître comme du travailleur, du riche comme du pauvre, des classes supérieures comme du peuple, la *transformation sociale* que nous prévoyons.

Les différentes causes de la souffrance de la société se résument en trois espèces principales qui vont être examinées séparément, à savoir :

1° *L'Esprit dominant* est essentiellement *mauvais;*

la société est corrompue et marche vers sa décadence ;

2° *L'Équilibre*, entre les besoins matériels de la société et la richesse, qui est le principal moyen de les satisfaire, *est rompu.*

3° *L'Organisation de la société*, sous le rapport notamment de la distribution des richesses ou participation du travail à la production, est essentiellement *vicieuse* et contraire à toute règle de justice, à toute condition de durée.

PREMIÈRE CAUSE.
DE L'ESPRIT DOMINANT.

Nota. Pour éviter une fausse application de ce que nous allons dire de l'*Esprit dominant*, il est utile de poser les notions suivantes :

La société actuelle se trouve divisée en trois classes, l'ARISTOCRATIE *nobiliaire* et *financière*, la CLASSE MOYENNE et le PEUPLE.

Si la force *matérielle* de la nation appartient surtout au *peuple* qui en est la portion la plus nombreuse, la plus forte et la plus courageuse ,

La force *intellectuelle* appartient à l'*aristocratie* et à la *classe moyenne.*

Or, la force intellectuelle, pouvant seule constituer l'*esprit dominant*, qu'on peut appeler aussi *esprit social*, cet esprit appartient à l'aristocratie et à la classe moyenne, le peuple y est étranger.

Un des résultats futurs les plus importans de la civilisation. sera l'*initiation du peuple à la vie intellectuelle ou sociale*, et les efforts du gouvernement permettent d'espérer que cette initiation, qui ne peut s'opérer que progressivement, si on veut en obtenir de bons effets, n'est pas éloignée.

Mais, *actuellement*, le peuple n'est pas encore assez éclairé pour comprendre suffisamment ses droits et ses devoirs (deux choses qui sont inséparables) et pour les exercer et remplir d'une manière convenable, conforme

à l'intérêt de la société comme au sien propre et digne de
l'homme civilisé; il est encore à l'école, si on peut s'exprimer ainsi, et pour lui l'époque présente est un *temps*
d'étude et de préparation; la vie matérielle, passive, pour
ainsi dire, en dehors de l'action du travail, est son état
normal.

Et, pour rester exactement dans la vérité, il faut dire
que (socialement et non point politiquement) L'ESPRIT DO-
MINANT *appartient presque exclusivement à l'aristocratie fi-*
nancière et à la classe moyenne, et se trouve presque aussi
étranger à l'aristocratie nobiliaire qu'au peuple, par la raison que la propriété foncière, possédée principalement
par cette aristocratie et qui forme pourtant la richesse la
plus considérable de la nation, comme elle en est le plus
stable appui, la ressource la plus grande, la plus réelle
et la plus certaine, mais qui est restée stationnaire et en
dehors du progrès social, a été dépassée par l'*industrie*, qui
domine aujourd'hui et qui est, en effet, exercée par l'aristocratie financière et par la classe moyenne.

Ce que nous dirons de l'esprit dominant ne s'appliquera
donc ni *à l'aristocratie nobiliaire*, ni surtout *au peuple*,
dont les intérêts, qui nous occupent principalement, sont
au contraire blessés par les conséquences funestes de cet
esprit que nos efforts tendent à réformer.

L'ESPRIT DOMINANT de l'époque est un esprit
essentiellement positif et égoïste qui tend de plus
en plus à l'individualisme général et absolu et, par-
tant, à la corruption complète et à la dissolution de la société.

L'esprit des affaires, qu'implique l'état de paix,
a succédé à l'esprit de conquête qui s'est assoupi
par la chute de l'empire, épuisé qu'il était des fatigues de la guerre.

Mais cet esprit des affaires, — que la restauration
avait senti la nécessité de développer et généraliser
autant qu'il était en elle, afin qu'en absorbant
toute l'activité naturelle de l'homme, l'esprit de
conquête, qui est un esprit de gloire et de gran-

deur morale plus conforme au caractère aventureux, désintéressé, fier, noble et généreux du Français, ne se réveillât pas ou fût neutralisé par les préoccupations absorbantes de l'intérêt, —a été abandonné à lui-même au lieu d'être gouverné, conduit et dirigé dans une bonne voie, et maintenu dans de justes limites ; il s'est égaré dans une route tout à la fois immorale et désastreuse ; il est tombé dans un tel déréglement et arrivé à un tel excès que la fortune a fait oublier la gloire, que l'or a remplacé les talens, la probité, la vertu, l'honneur, tout enfin, et que la puissance de l'argent menace de dévorer les plus nobles et les plus saintes facultés de l'homme !

L'état actuel de la société est évidemment un état de désordre, d'anarchie, de crise, de transition sociale enfin ; c'est la lutte permanente des intérêts divers entre eux, et surtout du maître contre l'ouvrier, de celui qui possède contre celui qui ne possède pas, du riche contre le pauvre, de l'argent contre le travail, c'est en un mot : *l'exploitation de l'homme par l'argent.*

Acquérir, n'importe par quel moyen et au préjudice d'autrui et même de l'intérêt général, c'est le but, c'est la voie ordinaires : *le succès légitime la possession.*

Or, ce moyen d'acquérir est autant et même plus injuste, plus corrupteur, plus immoral, plus funeste et plus coupable enfin que le vol, qualifié vol ; — car la société flétrit et repousse le voleur,

quelque minime que soit l'importance du vol et
quelle qu'en soit la cause , fût-elle même l'impérieuse et absolue nécessité de manger ; tandis
qu'elle reçoit , honore et encense celui qui a su
se procurer de la fortune par des moyens *illégitimes*
et même violens , mais recouverts du voile du
secret ou de la *légalité ;* — car le vol est le plus
souvent minime et sans résultat fâcheux pour celui au préjudice de qui on le commet, tandis que
le *vol légal* ruine presque toujours le malheureux
qui en est l'objet; — car le vol est puni par la loi;
tandis que le vol légal jouit de l'impunité et laisse
place à l'hypocrisie et à l'usurpation d'une répu-
tation honorable qui ne doit être que la récompense des vertus et de la probité; — car celui qui
est volé dans le sens ordinaire ne devient pas voleur pour cela , au contraire ; tandis que celui
qu'on dépouille illégitimement, mais légalement,
subit, malgré lui, l'influence du sentiment de la
vengeance et de l'exemple, qui le corrompent, et
il devient souvent immoral et coupable à son tour ;
— car on se méfie d'un voleur ; tandis qu'on s'a-
bandonne avec confiance à celui que couvre la loi!
— En résumé : le principe moral ou le fait en lui-
même n'entre pour rien dans l'appréciation des
actions de l'homme : le moyen ou *la forme est tout;*
ce grand principe, cette double base morale fondamentale , cette double condition si essentielle de
paix et de durée de toute société civilisée : *l'équité*
et la légitimité, a disparu comme un nuage au vent,

et une stricte et sèche *légalité*, pareille à un pilier
où se placardent les affiches, est la seule base des
transactions humaines de la société moderne !

Et pour celui qui connaît le cœur humain et qui
a un peu étudié l'esprit français, ce triste résultat
paraîtra pourtant naturel, car il faut au Français
de la gloire; chacun a soif de distinction, et pour
arriver à se satisfaire on emploie tous les moyens
possibles.

A la guerre, on expose sa vie : c'est qu'on pré-
fère la mort à une vie obscure et sans gloire ; et
c'est là, c'est cette noble ambition de la gloire qui
rend braves grand nombre de nos soldats.

Dans l'état de paix, quand les affaires dominent
et absorbent, au point même d'étouffer les arts ou
de les réduire à un rang inférieur, il n'y a nécessairement que la fortune qui distingue; elle occupe
le premier rang dans l'ordre social ; elle mène à
tout : elle est le chemin des honneurs comme le
moyen du bien-être; elle devient dès-lors le point
de mire de l'homme, et, pour l'acquérir, il fait
plus qu'exposer sa vie : *il abandonne l'honneur !*

Un semblant de réaction a paru se manifester
en faveur des arts et des sciences, et vouloir un
instant remplacer la gloire des combats par la gloire
du talent et du savoir; mais les nobles efforts du
monarque à qui est due cette réaction, n'ont pu
vaincre *l'esprit dominant*, et là, comme partout,
l'argent règne en tyran absolu et exerce sa puissance démoralisante et destructive.

Montrez-nous, en effet, le génie désintéressé, sacrifiant, s'il le faut, son bien-être à l'art ou à la science et ne travaillant que pour la gloire, le véritable génie enfin !..... Il n'en est pas !... On ne cherche à mieux faire que pour obtenir plus d'argent, et quand le prix accordé ne peut être dépassé, l'étude cesse ; quand le but financier est atteint, l'ambition de la gloire disparaît : le talent s'éteint où il reste stationnaire; on fait son chef-d'œuvre en commençant, pour prendre rang, puis après on fait de la marchandise...... L'artiste ne meurt pas artiste : il meurt *rentier !*

L'ARGENT !.... voilà l'unique mobile des actions de l'homme du dix-neuvième siècle, du siècle des lumières !.....

Vainement dira-t-on que cette soif générale de fortune qui dévore les masses et chacun en particulier, qui porte l'homme aux actes les plus hasardeux, aux plus coupables excès, aux actions les plus criminelles, afin d'acquérir en quelques jours et sans peine ce qui doit être le fruit du temps et du travail, est un mal qui est passé dans sa nature, qui doit faire sa révolution et qu'on tenterait dès-lors inutilement de réformer sans violenter l'homme, sans attenter à la liberté d'agir qui lui appartient.

Nous répondrons à une pareille objection : la société est comme un être qui contracte une maladie et qu'on guérit par des remèdes propices, quand même le mal serait invétéré et passé à l'état chronique ; et on peut réformer *l'esprit dominant*, quelque corrompu qu'il soit, en employant les moyens convenables. L'abandonner à lui-même, c'est abandonner l'enfant qui ne peut marcher seul sans s'exposer à faillir ; négliger sa guérison quand il est malade, c'est laisser la société se consumer en elle-même, et l'exposer à des souffrances et à des déchiremens continuels.

Sans doute la conduite privée de chaque homme, pris isolément, lui appartient exclusivement, et personne n'a le droit d'y intervenir, pourvu qu'elle ne blesse point ostensiblement les mœurs et qu'elle soit conforme aux lois positives, car autrement ce serait attenter à la liberté individuelle; mais il n'en est pas de même du corps social ou des masses, dont les intérêts généraux sont confiés aux soins des gouvernans : à eux donc appartient la haute et noble mission de diriger *l'esprit dominant* dans une voie équitable, juste, morale, humaine, et de l'y faire rentrer quand elle s'en est écartée : faillir à cette tâche, c'est manquer à un devoir sacré.

DEUXIÈME CAUSE.

DU DÉFAUT D'ÉQUILIBRE

ENTRE LA FORTUNE ET LES BESOINS.

L'augmentation énorme de la population et la civilisation ont augmenté considérablement les besoins matériels de la société.

Or, la fortune générale, quoique prospère, n'a point augmenté dans une proportion relative, d'où il est résulté nécessairement un déficit qui constitue la société dans un état de privation, de malaise et de souffrance matérielle, et, par suite, d'inquiétude et d'agitation morale.

Si on consulte, en effet, les statistiques on voit que les faillites, les bouleversemens de fortune, les suicides, les crimes contre les personnes et les attentats contre la propriété n'ont jamais été si nombreux, les crises financières aussi rapprochées, aussi désastreuses; ils augmentent progressivement dans une proportion effrayante et menacent de tout envahir, d'ébranler toute la richesse, de compromettre tout le crédit, de faire cesser toutes les transactions. Déjà, en effet, les opérations et la circulation deviennent extrêmement difficiles et diminuent avec la confiance, qui est l'âme des affaires; l'incertitude, l'irrésolution et la crainte sont dans tous les esprits; la méfiance est partout et ne prend même plus soin de se dissimuler; les positions sont précaires: la fixité et la stabilité ne se rencontrent pour ainsi dire nulle part, et chacun se presse d'accumuler, n'importe par quels moyens, afin de se retirer promptement d'une lice où il craint continuellement de succomber.

Or, le premier soin et la principale politique d'un gouvernement doivent être de *maintenir constamment l'équilibre entre les besoins matériels de la nation et la fortune*, qui est le principal moyen de satisfaire ces besoins, équilibre sans lequel il n'y a ni tranquillité , ni sécurité, ni durée possibles, soit pour le gouvernement, soit pour la nation.

Et ce n'est point, comme cela se pratique pourtant le plus souvent, par des secours au commerce et à l'industrie, par des encouragemens spéciaux , par des subventions en faveur des entreprises particulières et locales, par des privilèges locaux que le gouvernement doit aider la marche et le progrès de la fortune : ces moyens sont généralement sans équité, sans justice et sans moralité ; car ils ne profitent *réellement* qu'à quelques individus, qu'à quelques localités, qu'à certaines branches de la fortune publique, et pourtant les fonds en sont prélevés sur les masses, sur les revenus généraux de la nation; ou bien ils privent la majeure partie, les autres localités, les autres branches de fortune de pareils avantages , qui leur seraient pourtant également nécessaires et auxquels elles auraient des droits égaux : Il y a donc préjudice pour les uns à l'avantage des autres. — Les localités doivent subvenir elles-mêmes aux entreprises locales ou qui leur sont plus particulièrement avantageuses ; car si les autres localités retirent quelque profit de ces entreprises, elles apportent, en retour, leur contingent d'avantages aux *localités-sièges* des établissemens, et ainsi s'établit d'un côté, pour celles-là , une compensation entre les avantages qu'elles procurent et ceux qu'elles reçoivent , le contingent

qu'elles supportent dans la subvention accordée
est donc une perte évidente; tandis que de l'autre,
au contraire , la subvention est un pur avantage,
dès-lors injustifié quant aux portions qui en retombent sur les autres localités : il est donc injuste
de faire concourir une localité étrangère à une entreprise locale aux charges de cette entreprise.

Les secours, les privilèges, les subventions, en
un mot, *l'assistance accordée par le gouvernement doit
avoir pour objet le pays tout entier , comme pour but
la fortune et le bien-être général* (1).

(1) Ce qui précède était écrit lorsque nous avons vu dans le
Journal des Débats un long article au sujet du budget de 1840,
d'où il résulte que le gouvernement paraît vouloir s'occuper
d'une manière très-ample des intérêts matériels, ce qui nous
permet de compter sur son appui pour l'exécution de notre
œuvre, qui doit seconder la sienne et la rendre fructueuse.
(Voyez page 42, note 1). — Nous prenons acte de cet article de
la presse officielle, parce qu'il justifie complètement ce que
nous avons avancé, c'est-à-dire, la *nécessité de s'occuper des
intérêts matériels* et *d'augmenter la richesse*, notamment *par
les capitaux et le crédit ;* — et nous rapporterons ici, comme
étant spéciaux à la question qui nous occupe, les passages suivans :

« L'agriculture française secoue sa langueur séculaire. Les
voies de communication nouvelles lèvent le blocus auquel nos
cultivateurs étaient condamnés six mois par an. Des canaux d'ir-
rigation qui changeront l'aspect de quelques-uns de nos districts
méridionaux, les mieux placés d'ailleurs pour posséder une fer-
tilité incomparable, s'étudient enfin, ou même se creusent. Sur
d'autres points, comme dans la Camargue, c'est à des desssè-
chemens non moins féconds, que l'on songe et que l'on pour-
voira bientôt. Les landes elles-mêmes, sous la main d'intrépides
et intelligens pionniers, cessent d'être rebelles à la charrue et se
fécondent. De nouvelles cultures des plus productives, telles
que la betterave et le lin, se répandent avec rapidité.

» Les instituts agricoles, sagement encouragés par le ministre
du commerce, et les fermes-modèles se remplissent de jeunes
gens, et divers conseils-généraux de départemens, tels que ceux

TROISIÈME CAUSE.

DES VICES

**DE L'ORGANISATION ACTUELLE DE LA SOCIÉTÉ
SOUS LE RAPPORT DE LA DISTRIBUTION DES RICHESSES
OU PARTICIPATION DU TRAVAIL A LA PRODUCTION.**

Cette question est des plus importantes et des plus difficiles à résoudre :

Importante, parce qu'elle intéresse au plus haut degré la classe la plus nombreuse de la population et qui souffre le plus : *le peuple.*

Difficile à résoudre, parce que sa solution ne paraît d'abord possible qu'au moyen de la violation d'un des plus grands principes sociaux : *le respect de la propriété.*

de la Charente et de Maine-et-Loire, y concourent avec l'administration. *La révolution que réclamait la situation déplorable,* il faut le dire, *de notre agriculture, sera complète, si on parvient à lui* FACILITER L'ACCÈS DES CAPITAUX PAR DES INSTITUTIONS DE CRÉDIT.

» Il ne manque à la France, pour reprendre le *premier rang dans le monde, que d'être plus riche ;* car il n'y a pas au monde de peuple qui l'égale en intelligence et en bravoure. *La richesse est aujourd'hui pour les nations une indispensable condition de grandeur.* Si elle a assez de sagesse et de persévérance pour maintenir, pendant dix années encore, la politique pacifique qui a prévalu depuis Juillet et pour donner à ses ressources la direction qu'elle leur a imprimée depuis que le calme intérieur s'est rétabli, qui peut dire à quel degré de prospérité elle ne sera pas parvenue au terme de ces dix ans, et si alors plus que jamais nous ne serions pas de force à tenir tête à l'Europe conjurée, dans le cas où, ce qu'à ne Dieu ne plaise, elle se coaliserait contre nous? Il est aisé de discourir sur les moyens de rehausser au dehors l'éclat du nom français. Il est plus difficile de préparer sur une grande échelle l'époque où la

Hâtons-nous donc de dire, pour rassurer ceux qui possèdent : nous respectons le passé ; nous respectons le présent ; nous voulons seulement entrer dans l'avenir; nous respectons la propriété ; nous respectons les droits acquis ; mais, notre travail concourant à la production, nous voulons participer aux avantages de cette production, d'une manière équitable et en raison de la juste valeur de notre collaboration au travail.

Si le superflu cause *parfois* des soucis et des inquiétudes, le manque du nécessaire produit *toujours* la souffrance et le malheur.

Et toute société civilisée où règne le paupérisme, où le travail de l'homme ne suffit pas à son existence et où se rencontre pourtant l'extrême ri-

France pourra redevenir, s'il lui convient, l'arbitre du monde !»

Le journal mentionne en terminant le projet qu'a le gouvernement de saisir les chambres de la question du *renouvellement du privilège de la Banque de France*, dont le terme approche. Le rédacteur de l'article, en se demandant à quelles conditions et sous quelle forme elle en jouira désormais, ajoute : « Il est évident qu'à cette occasion, la question de l'organisation générale du crédit commercial, question immense par sa portée et par sa difficulté, va être soulevée tout entière, et qu'à plusieurs égards, il faudra qu'elle se trouve résolue par le fait même du nouveau privilège qui sera concédé à la Banque. »

Nous mentionnons ceci pour ordre, le privilège des banques se rattachant, sous un rapport, au principe général que nous venons d'émettre. Nous avions l'intention de traiter la question des privilèges des banques et notamment de celui de la Banque de France, en nous occupant des *Institutions de crédit que réclament la propriété foncière et l'agriculture et que nous allons fonder ;* mais les chambres devant prochainement être saisies de cette importante question, il serait prématuré de la traiter avant, et nous attendrons le débat pour émettre, s'il y a lieu, notre opinion.

chesse à côté de l'extrême pauvreté, est une société mal organisée et dès-lors, sujette aux ébranlemens.

L'extrême pauvreté à côté de l'extrême richesse, le manque du nécessaire, l'infériorité du salaire sur le travail sont contraires à toute règle de raison, d'humanité, d'équité et même de justice;

Car les hommes ayant une origine commune, une mère commune : la nature, et étant tous frères par conséquent, doivent s'aimer et s'entr'aider les uns les autres;

Car les biens de la terre pouvant suffire abondamment aux besoins de tous les hommes, tous les hommes doivent y trouver leur existence;

Car Dieu ayant donné à tous les hommes les moyens de subsister : aux uns la richesse, aux autres la force, le travail de l'homme doit suffire à ses besoins.

Et en simple *raison*, la suffisance de fortune pour nourrir tous les hommes légitimerait l'action par chacun de prendre sa nourriture là où il y aurait superflu pour autrui, car : « la nécessité constitue un véritable droit (1).

En simple *équité* et *justice*, l'abus fait par le riche des besoins du pauvre, pour obtenir son travail à un prix au-dessous de sa valeur et lui retenir ainsi

______

(1) « L'homme en naissant n'apporte que des besoins; il est chargé du soin de sa conservation; il ne saurait exister ni vivre sans consommer : *il a donc un droit naturel aux choses nécessaires à sa subsistance et à son entretien.* »
(Exposé des motifs du *Code civil*, par le conseiller-d'état PORTALIS.)

une partie de son bien , légitimerait suffisamment pour le pauvre l'action en supplément , de même qu'en droit on peut demander la rescision du contrat , quand même on y aurait renoncé *expressément* et déclaré donner la plus-value. (Art. 1674 du *Code civil.*)

Enfin sous le rapport social, sous le point de vue de l'*humanité*, la possession d'un superflu impose au riche envers le pauvre une *obligation* de le secourir, impérieuse, sacrée et imprescriptible. La loi écrite là-haut ne dit-elle pas que « le superflu du » riche appartient au pauvre, » et n'est-ce pas là le contrat, le titre du pauvre contre le riche? Eh! quelle autre puissance pourrait rendre une loi plus efficace que celle qui vient du Créateur? — Que si vous acquérez, à titre gratuit ou autrement, un héritage grevé d'une charge, vous êtes obligé de l'acquitter, sinon de délaisser l'héritage, et le créancier a le droit de vous contraindre à l'exécution : eh bien! pour le riche, la charge de sa fortune, c'est de donner son superflu au pauvre; la condition est formelle et sacrée : elle doit être exécutée religieusement ; et en cas de refus, les moyens rigoureux ne seraient-ils pas légitimes ici comme ils le sont d'après les lois positives des hommes quant à leurs transactions matérielles?

Oui, il est contraire à toute règle de raison, d'humanité, d'équité et même de justice, que l'un ait tout et l'autre rien; que l'un vive sans travail, quand le travail de l'autre ne peut suffire à son existence; que l'un regorge de richesses, qu'il dépense d'une manière impie, tandis que l'autre meurt de faim. — Et un pareil contraste n'est pas l'ouvrage de Dieu : il est le fruit de la méchanceté, de la corruption de l'homme! — Toute société civilisée où il se rencontre est une société mal organisée.

Et n'est-ce pas là pourtant le triste mais fidèle tableau de notre pauvre humanité, de notre misérable société civilisée du dix-neuvième siècle?

Mais si l'extrême pauvreté ne se peut ni concevoir ni souffrir à côté de l'extrême richesse, il ne faut point non plus que tous les hommes possèdent une égale somme de biens matériels, car tous n'ont ni les mêmes penchans, ni la même aptitude, et, par conséquent, ni les mêmes besoins, ni la même valeur sociale; cette égalité de richesse est d'ailleurs contraire à la nature et surtout au caractère de l'homme civilisé, comme, par suite, à l'ordre et à la marche des sociétés modernes.

Il faut des différences de fortune, de même que la *hiérarchie* est indispensable dans l'organisation sociale.

Aussi repoussons-nous ces théories de communauté de biens, d'égalité de richesses qui ont été proclamées avant nous (1).

____

(1) Dans le système de la *propriété commune* les droits de personne ne sont respectés, et alors c'est le règne du plus fort ou du plus *adroit*. Le système de communauté de biens est un système rétrograde, puisqu'il tendrait à replacer la société dans l'état où elle était à l'origine du monde, où les biens apparte-

De même que nous sommes peu partisan de ces idées d'égalité, de liberté, de droits politiques dont on fatigue les oreilles du peuple, qui n'est pas encore assez éclairé pour les comprendre et les exercer dans de justes limites et sans abus, et qui nous paraissent même funestes; car elles excitent les passions du peuple, elles irritent son esprit et l'entretiennent dans un état d'hostilité permanente contre la noblesse, qu'on lui représente comme son ennemie, et contre la royauté surtout, qu'on lui dit vouloir dominer tyranniquement et revenir aux temps anciens, et sur qui on rejette les maux qui désolent la société : c'est un instrument que l'on tient toujours aiguisé et hors du fourreau pour être prêt à frapper au moment opportun, qu'on appelle et qu'on prépare, et pour servir l'ambition de quelques hommes avides de grandeur et ennemis-nés de ceux que la Providence a

naient à tous, puisqu'ils n'appartenaient exclusivement à personne, c'est-à-dire avant l'occupation qui est l'origine de la propriété et s'est établie à mesure que les peuplades se sont réunies en société ; c'est la propriété qui a fondé les sociétés humaines; c'est elle qui a vivifié, étendu, agrandi notre propre existence ; c'est par elle que l'industrie de l'homme, cet esprit de mouvement et de vie, qui anime tout, a fait éclore sous les divers climats tous les germes de richesse et de puissance. Sans la propriété, qui n'est que le droit de conserver avec continuité et sécurité et de transmettre l'objet auquel il a appliqué ses pénibles travaux et ses justes espérances, l'homme retomberait dans l'indolence du sauvage qui erre dans les bois, et deviendrait bientôt aussi barbare que lui : *la communauté de biens et l'égalité de richesses ne peuvent exister que dans l'imagination*, car elles sont aussi contraires au cœur et au caractère de l'homme civilisé que l'eau et le feu sont opposés l'un à l'autre.

placés au-dessus d'eux dans l'échelle sociale. Ils invoquent l'intérêt du peuple, dont ils se soucient peu en réalité, mais pour le faire servir exclusivement à leur intérêt personnel. S'élever est leur unique but : *le peuple est leur marchepied !*

Sous le prétexte du bonheur du peuple, on a fait entendre à son oreille des paroles de liberté et d'affranchissement, comme on captive et tranquillise le malade en lui montrant le remède qu'il croit propre à sa guérison; on l'a soustrait à la dépendance de l'homme, mais pour le placer sous une domination bien plus tyrannique, plus absolue et plus funeste : l'argent; car, sous l'ancien régime, l'homme pouvait se soustraire, momentanément du moins, à l'empire de l'homme en fuyant ou en évitant sa présence; tandis que la puissance de l'argent est incessante et poursuit l'homme partout, parce qu'il faut vivre tous les jours et qu'on ne peut dès-lors lui échapper, ni même lui résister; car l'esclave ou vassal avait du moins son nécessaire, sa vie naturelle assurée; tandis qu'on refuse au peuple un juste salaire, et que *le peuple libre meurt de faim !*

Et à quoi servent, en effet, au peuple la liberté et l'indépendance qu'on lui a conquises? à quoi lui serviront surtout les droits politiques dont on est si jaloux de l'investir, de le *charger?* Que veut-on qu'il exerce quand il n'a pas seulement de pain pour se nourrir et de vêtemens pour se couvrir?... Qu'on lui donne d'abord de quoi vivre , qu'on lui

assure le nécessaire, et puis on en pourra faire ensuite un personnage politique si l'on veut.

Mais puisqu'on voulait seulement changer la nature de l'asservissement du peuple, en affranchis-
sant l'être intellectuel au préjudice de l'être matériel (1) et faire servir perpétuellement le travail et la
sueur du peuple à l'oisiveté et à la prospérité du
riche, il fallait au moins le laisser dans l'ignorance
et l'abrutissement, au lieu de l'instruire et de l'é-
clairer ; car, en développant son intelligence et lui
donnant ainsi le moyen de comprendre sa valeur,
de pressentir ses droits et de reconnaître l'injustice exercée à son égard, on lui a fourni une arme
contre soi ; et ne doit-on pas craindre qu'éclairé,
désillusionné, poussé à bout, enfin, il n'use de
cette arme pour se faire justice lui-même ? Il s'est
affranchi de la servitude de l'homme, il saura bien
s'affranchir de l'esclavage de l'argent !

Eh ! qu'on ne dise pas que nous exagérons à plaisir ni l'oppression, ni la misère du peuple, car la
base de nos réflexions ne manque pas de certitude ;
qu'on n'invoque pas surtout la prospérité publique,
car c'est là une arme meurtrière qu'on nous don-
nerait.

Oui, la prospérité publique augmente ; mais qui
la produit cette prospérité ?... le travail et la sueur

____

(1) Nous avons vu que le peuple n'est point encore initié à
la vie intellectuelle, et par conséquent, le changement ne lui a
été jusqu'ici, sous ce rapport, d'aucune utilité : il lui a été pré-
judiciable, au contraire, sous le rapport de la vie matérielle
qui est encore sa vie principale, son état normal.

du peuple; et à qui profite-t-elle?... au peuple?...
non... il n'en reçoit aucune parcelle, pas même le
juste prix de sa coopération. Elle profite uniquement à quelques-uns, à ceux qui se sont enrichis
aux dépens du peuple, et qui ont ainsi acquis ou
plutôt usurpé le *droit légal* de lui ravir perpétuellement même jusqu'au prix de son travail et de sa
sueur, de se servir de lui contre lui-même!

La prospérité publique augmente sans doute,
mais en même temps la misère et la souffrance du
peuple augmentent aussi; et si on n'arrête le siècle
dans sa marche désastreuse, le peuple n'aura plus
bientôt de moyen de salut que dans l'insurrection.

Non, nous n'exagérons point ni l'oppression, ni
la misère, ni la souffrance du peuple, non plus que
l'état des choses ni la situation des esprits; nos
réflexions reposent sur des *faits* qui sont indépendans de l'imagination de l'homme, et qui ont une
signification réelle, positive, précise, concluante.
L'esprit de l'homme peut faillir et s'égarer; mais
c'est dans les faits, c'est dans l'histoire des évènemens qu'on puise des enseignemens sûrs; c'est en
les consultant et en les comparant entre eux qu'on
obtient la lumière nécessaire pour bien juger et se
bien conduire.

Or, consultez les statistiques, observez la marche de la société, tenez compte des faits journaliers, et vous serez forcés de reconnaître la vérité
de notre langage et la justesse de nos remarques et
de nos prévisions, vous reconnaîtrez comme nous

l'impérieuse et urgente nécessité d'améliorer le sort du peuple, afin de prévenir le danger qui nous menace et qui peut nous engloutir !

Les statistiques, en effet, nous enseignent que le nombre des décès qui ont lieu dans les hospices est du tiers de tous les décès ; et si à ce nombre on ajoute celui des suicides et des crimes qui ont presque toujours pour cause la misère, ainsi que nous le verrons tout à l'heure, celui des personnes qui, trop fières pour solliciter ni recevoir un secours public, meurent chez elles dans un état complet de dénuement, on atteindra bientôt la plus grande partie de la population.

Ne voit-on pas, d'un autre côté, que le plus grand nombre des hommes, la classe travailleuse, ne gagne juste que de quoi vivre au jour le jour et le plus souvent pas assez pour vivre d'une manière confortable , et que, par conséquent, dès qu'elle cesse de travailler, ou par défaut d'ouvrage, comme cela arrive souvent dans l'hiver à certains corps d'état particulièrement, ou par maladie, blessure ou autrement, elle est réduite à la misère ? — Ne voit-on pas notamment que les femmes ne gagnent jamais ou presque jamais le nécessaire même, et que la cause première la plus générale de la prostitution est, sinon la misère complète, du moins le défaut du nécessaire ?

Consultons spécialement un document officiel récent, le compte-rendu de la justice criminelle pendant 1836, nous y trouverons d'utiles, énergiques et salutaires enseignemens propres à éclairer la question.

1° Le nombre des suicidés et des accusés est, savoir :

		Suicidés.	Accusés.	
1re série.	Laboureurs et journaliers,	de 30	de 36	sur 100 individus.
2e	Professions libérales . . .	21	5	
3e	Gens sans aveu.	16	12	
4e	Artisans	11	20	
5e	Hôteliers domestiques . .	7	9	
6e	Chapeliers, tailleurs, blanchisseuses	6	8	
7e	Négocians	5	6	
8e	Voituriers, hommes de peine	2	4	
9e	Boulangers, bouchers, charcutiers	2	3	

Or, ce rapprochement ne démontre-t-il pas évidemment que le besoin est la cause la plus générale des suicides et des crimes? Voyez, en effet : les laboureurs et les journaliers sont certainement ceux dont l'existence est la plus précaire, parce qu'ils vivent au jour le jour, qu'aujourd'hui ils ont de quoi vivre et que demain ils n'ont rien (1); après les laboureurs et les journaliers viennent les professions libérales, où le mérite est souvent méconnu, où la concurrence est d'ailleurs funeste et où, par l'instruction et par les besoins relatifs, la fortune est moindre, souvent nulle et presque toujours au-dessous du nécessaire; en troisième ligne, viennent les gens sans aveu, qui ont une grande analogie

____

(1) Chez les laboureurs, la misère et par suite les crimes et les suicides surtout, sont souvent occasionnés par les cas fortuits dont nous nous occuperons tout à l'heure.

avec les laboureurs et journaliers. En un mot, on voit, en observant chaque série et comparant les différentes classes entre elles, que le nombre des suicidés et des condamnés diminue à mesure que l'existence devient plus régulière et plus certaine : aussi voit-on la classe des boulangers, bouchers et charcutiers, qui généralement acquièrent de l'aisance par le travail, fournir le plus petit nombre de suicidés et d'accusés. Il est donc hors de doute que les besoins matériels sont presque toujours la cause des crimes contre soi-même et contre le prochain.

2° Si de la comparaison des professions entre elles et avec les suicides et les crimes, on passe à la comparaison des départemens entre eux, on voit que le nombre des accusés est fourni par les départemens dans les proportions suivantes :

Seine.	1 sur 1,231	âmes.
Corse.	1,540	
Pyrénées-Orientales.	2,029	
Haut-Rhin	2,235	
Finistère.	2,617	
Hautes-Alpes	10,089	
Landes.	10,553	
Drôme	11,315	
Aude.	11,710	
Cher.	12,037	

Ainsi, le département de la *Seine,* le plus éclairé

de tous, le foyer de l'instruction et des lumières, le centre de la civilisation et de la fortune, mais aussi le réceptacle de la corruption et de la plus profonde misère, fournit autant de crimes que le département de la *Corse,* où la barbarie de la *vendetta* subsiste encore, où la civilisation et les lumières n'ont point pénétré, où la fortune acquise est minime généralement, mais où chacun possède le nécessaire, surtout relatif à l'état arriéré de la Corse : étant démontré par l'expérience de tous les temps et de tous les lieux, que les besoins de l'homme à l'état naturel sont entièrement minimes, et que la civilisation seule les rend considérables.

Et en comparant ces deux départemens, ou plutôt le département de la Seine (car la Corse est exceptionnelle ici, puisque la cause du mal n'est pas la même que celle des autres pays) aux autres départemens indiqués, on est frappé de la différence qu'ils présentent, et on est forcé de reconnaître que ce sont les départemens où la fortune est plus solide et mieux répartie, où enfin chacun a, à peu près, ce qu'il lui faut pour vivre, qui fournissent le moins d'accusés.

3° Si après avoir constaté et établi, par une double preuve, que la misère ou le manque du nécessaire est la cause la plus ordinaire des attentats, et contre soi-même, et contre le prochain, et contre la propriété d'autrui, on examine, sous ce rapport, la marche du siècle, on voit qu'il y a augmentation progressive et incessante des crimes, parce qu'il y a accroissement perpétuel de la misère ; et cette progression des crimes en rapport avec l'augmentation de la souffrance des masses, est elle-même une nouvelle et troisième preuve de la proposition que nous avons avancée.

Le document où nous puisons tous les renseignemens que nous venons de mettre au jour, nous donne, en effet, celui que voici :

La moyenne des affaires en cour d'assises, pour tout le royaume, est :

En 1834 de 1 sur 4,684.

1835	4,644, 40 de plus qu'en 1834.
1836	4,638, 46 de plus qu'en 1834.
	6 de plus qu'en 1835.

4° Mais si les attentats contre les choses augmentent, les crimes contre les personnes diminuent ; et nous aimons à mentionner ce résultat consolant, parce qu'il démontre que le respect de la vie humaine se développe avec la civilisation, qui fait comprendre à l'homme sa dignité et sa valeur.

Or, de tous ces rapprochemens, de toutes ces comparaisons, ne résulte-t-il pas évidemment, et d'une manière tout-à-fait certaine :

1° Que la civilisation est un bienfait qui, par conséquent, doit être maintenu, propagé, étendu et développé pour le bonheur commun de tous les hommes ;

2° Que les besoins augmentent en raison de la civilisation, et qu'il faut, par conséquent, augmenter les moyens de les satisfaire ;

3° Que le manque du nécessaire est la cause de tous les maux qui désolent la société, et qu'il faut ainsi procurer et assurer à chacun, *par son travail,* une existence confortable ;

4° Enfin que les besoins et avec eux les crimes, augmentant dans une proportion effrayante, la société marche vers sa décadence et qu'il est urgent d'arrêter le mal ?

Et n'est-ce pas-là un de ces enseignemens irrécusables qui marquent au doigt le vice de l'organisation sociale, la corruption et le déclin de la société ?

Enfin nous complèterons cette série d'observations et de réflexions, en adressant cette question aux hommes politiques, dont le jugement doit avoir pour bases principales, la science des faits et des évènemens et la connaissance du cœur humain : Que signifient ces désordres, ces troubles, ces émeutes locales, ces refus de service, ces manifestations populaires, ces appels au désordre, ces séditions même, qui se multiplient avec rapidité et se répandent, toutes choses qui ne sont point isolées, mais qui ont bien une corrélation significative et concluante.... *N'est-ce pas ainsi que s'annonça 89 ?*

Si l'esprit dominant doit être dirigé par les gouvernans; si la richesse générale et la satisfaction des besoins généraux doivent les préoccuper, le bien-être du peuple réclame impérieusement toute leur sollicitude ; là, c'est une tâche grande sans doute ; mais ici c'est beaucoup plus encore : c'est un devoir sacré auquel la plus légère infraction serait un crime ; car là, c'est une question de plus ou moins de bien-être ou de jouissance ; et ici c'est une question de vie ou de mort ! Celui qui possède peut subir, sans danger, des privations dans ses jouissances ; mais chez le peuple, qui ne possède pas, qui vit au jour le jour, la moindre privation attaque le nécessaire et compromet son existence, et le jour où le travail ou la force lui manque, le jour où une maladie vient l'affliger, par exemple, il voit arriver à son chevet la faim dévorante et la douleur qui le conduisent au tombeau, et il lègue pour tout héritage à sa femme et à ses enfans, la misère et le désespoir !

SYSTÈME
D'AMÉLIORATIONS SOCIALES.

Jusqu'ici le gouvernement ne s'est occupé de l'amélioration des intérêts matériels et des masses qu'indirectement, d'une manière imparfaite et insuffisante et par des moyens particuliers isolés : aucune amélioration générale, directe et réelle, *profitable* surtout au *peuple,* n'a été essayée.

D'un autre côté, les économistes qui se sont succédé, se sont accordés seulement sur ce point que la société est mal organisée, qu'elle souffre, et par conséquent qu'il faut la réformer et la soulager ; mais ils n'étaient pas d'accord sur la véritable cause de la souffrance, sur les vices de l'organisation, les uns envisageaient en première ligne le côté intellectuel et même politique, et faisaient de la question sociale ou matérielle une question secondaire; les autres, au contraire, professaient un système opposé (système que nous adoptons parce que nous le croyons meilleur et plus naturel) d'après lequel, l'être matériel existant avant l'être intellectuel, ou, en d'autre termes, l'homme vivant avant que de penser, l'amélioration matérielle de la société doit précéder l'amélioration intellectuelle et morale, si toutes deux ne peuvent s'effectuer simultanément, et dès lors ils faisaient de l'amélioration matérielle la question vitale et de principe : la question intellectuelle et politique venait en seconde ligne et d'ailleurs suivait naturellement.

Mais les uns et les autres, ou bien s'exagéraient le mal, ou bien, trop peu familiers avec la vie pratique ou l'exécution, ou bien encore trop ambitieux pour renoncer au titre pompeux d'organisateurs, de créateurs, et se contenter de celui plus modeste d'*améliorateurs*, n'entrevoyaient pas l'efficacité d'une simple mais suffisante amélioration, ou la possibilité de l'obtenir par les moyens ordinaires, ou bien enfin ils dédaignaient et l'emploi de ces moyens et une simple amélioration; et sans tenir compte de l'état de la société et des esprits; sans considérer les lois existantes, comme sans respect pour la propriété acquise, ils voulaient bouleverser, changer en un jour la société et créer une société nouvelle, un monde nouveau, dont probablement ils eussent voulu être les rois sinon les dieux ; et ils ont préféré laisser la société se débattre et languir dans la souffrance, plutôt que de lui apporter un simple soulagement.

Aussi leurs théories, du reste admirables de conception, remarquables d'érudition et de génie, mais applicables seulement à des mondes à créer et imaginaires, sont-elles restées vaines et sans fruit, comme leurs efforts impuissans et leur mérite sans prix pour l'humanité !

Pour nous, nous n'avons point la prétention de nous poser en économiste, en politique, en savant, en théoricien ; nous n'avons fait aucune étude et nous n'avons aucune connaissance des *théories* organiques de la société : nous reconnaissons notre infériorité en cette matière, et construire, même en théorie, serait au-dessus de nos forces ; mais, vivant au milieu du monde, et habitué aux affaires dès notre enfance, porté par cœur, par esprit et par caractère à l'étude de l'humanité, nous avons été frappé des anomalies de la société ; nous avons considéré le mécanisme de son organisation, et en ayant reconnu les vices, nous avons constamment réfléchi aux moyens de les réformer ; sorti de la classe du peuple, ayant éprouvé les privations de la pauvreté, mais ayant aussi été appelé par la Providence à goûter quelques unes des jouissances de la richesse ; ayant vu la misère du pauvre et le luxe du riche, notre cœur s'est ému de douleur et de pitié à la vue des souffrances de l'un et d'indignation à la vue des prodigalités impies de

l'autre; — considérant enfin que l'homme qui vit
en société, qui jouit des avantages de la société,
doit aussi vivre pour la société et lui payer son tri-
but en utilisant à son profit et dans le but du bonheur de ses semblables comme de son propre bonheur, l'intelligence et les moyens qui ne lui ont été
départis par la Providence qu'à cette condition;
qu'agir autrement c'est dérober à la société le bien
dont on la prive; c'est mésuser du bien qu'on tient
de Dieu; c'est méconnaître sa destination; c'est
manquer à Dieu, à la société et à soi-même,
nous apportons à la société le fruit de nos médi-
tations, de nos veilles et de nos travaux : heureux
si nos efforts et nos sacrifices sont compris et ne
demeurent pas impuissans : le bonheur de l'humanité est notre but principal, ce sera notre plus pré-
cieuse récompense!

—

Nous avons dit et nous croyons avoir démontré :

Qu'il fallait augmenter la richesse générale, afin
de la mettre en rapport avec les besoins;

Qu'il fallait améliorer le sort du peuple et assurer
son nécessaire;

Qu'il fallait enfin ramener dans la bonne voie
l'esprit dominant.

Nous allons successivement résoudre ces trois
problèmes.

1. AUGMENTATION DE LA RICHESSE.

La richesse nationale est de deux sortes principales : la *propriété* et l'*industrie*. La propriété com-

prend : le sol et l'*agriculture;* l'industrie embrasse :
le *commerce* et l'industrie proprement dite.

1. La *propriété foncière* est négligée ; elle languit
et s'épuise ; elle est mal expioitée et donne , par
suite, de médiocres revenus . parce qu'elle manque
de ressources ou qu'elle n'en obtient que d'insuf-
fisantes et à des conditions ruineuses (1).

2. L'*agriculture,* liée à la propriété, subit la même
privation, et, considérée sous son rapport particulier, c'est-à-dire quant au produit seulement et
séparément de la possession du sol, (comme à l'é-
gard d'un simple fermier, par exemple), elle n'a
aucun moyen de crédit : le simple agriculteur n'obtient de ressources qu'à des conditions ruineuses ,
ou il est obligé de vendre ses produits à vil prix.

3. Cette double richesse est sous le poids perpétuel d'une perturbation permanente qui cause sa
ruine : les *cas fortuits.*

4. L'*industrie* proprement dite n'a aucun établissement particulier de crédit ; elle marche d'un pas
incertain quoique rapide, elle pèche souvent et se
trouve entravée, parce qu'elle manque des ressources ou moyens de travail nécessaires à son développement, parce qu'elle est mal dirigée, parce
qu'elle est en proie à l'usure , à l'agiotage, à la
fraude et à la mauvaise foi : elle est, en effet, con-
centrée dans quelques mains qui la pressurent,
neutralisent sa puissance et la ruinent.

(1) Les intérêts des emprunts s'élèvent le plus souvent à 12
p. 100, et ils vont quelquefois, dans les campagnes , jusqu'à 60
p. 100. (*Voyez* les Statuts de la Banque foncière.)

5. Le *commerce* manque lui-même des capitaux nécessaires au développement et à la marche que lui ont imprimée le mouvement des affaires et l'activité naturelle de l'esprit national en même temps que l'augmentation de la population et des besoins. La *valeur monétaire* est peu abondante et les *signes représentatifs du crédit* sont dans une proportion *infiniment au-dessous des besoins*.

6. Enfin, la *propriété foncière* et l'*industrie* sont actuellement séparées et pour ainsi dire rivales. La propriété, étrangère au progrès social et restée stationnaire, ne participe point aux avantages de l'industrie, qui est le patrimoine exclusif de la finance et de l'argent, et qui, à son tour, ne reçoit aucun secours de la propriété foncière : Leur *union* augmenterait leurs forces respectives et contribucrait grandement au développement de leur prospérité commune.

Or, il est certain que la propriété et l'industrie bien exploitées, au moyen des ressources suffisantes, donneraient des richesses immenses, capables de satisfaire amplement tous les besoins (1).

D'après notre plan d'améliorations sociales, ces resscurces sont procurées de la manière la plus douce et la plus favorable, savoir :

BANQUE FONCIÈRE.

A la *propriété foncière* particulièrement, mais en même temps au *commerce* et à l'*industrie*, au moyen d'une banque spéciale qui sera créée sous la déno-

(1) *V.* note 1, page 21 et s. Le gouvernement s'occupe des che-

mination de banque foncière de france, et dont les combinaisons offrent les résultats les plus avantageux (1) :

Soit au *propriétaire foncier* ou *emprunteur*, parce qu'il obtient : 1° les ressources qui lui sont nécessaires, à des conditions et avec des facilités qu'*aucun prêteur isolé ne peut* accorder et que personne jusqu'ici n'avait imaginées (2); 2° et les *moyens de participer aux opérations industrielles* et de jouir, *sans bourse délier*, des avantages de l'industrie, réservés jusqu'ici à la possession de l'argent.

Soit au *capitaliste* ou *prêteur*, parce qu'il a, avec la banque : 1° indépendamment de produits ou intérêts égaux au moins à ceux qu'il obtient par un prêt direct, une *garantie plus grande;* 2° la facilité

---

mins, canaux, etc.; notre système a pour objet le crédit. Le premier moyen sans le deuxième serait peu efficace, et pour ainsi dire nul; mais ces deux moyens réunis et agissant simultanément, posséderont une force si grande, si efficace et si salutaire qu'on ne saurait assigner de limites à la future et prompte prospérité de la France, et qu'avant le terme de dix ans marqué par le *Journal des Débats*, elle aurait atteint un tel degré de puissance qu'elle pourrait, en effet, tenir tête à l'Europe conjurée et devenir l'arbitre du monde !

(1) Voir les statuts de la Banque.

(2) Aucune des compagnies qui se sont occupées jusqu'à ce jour des prêts hypothécaires et se sont annoncées comme venant au secours de la propriété, n'ont été créées dans ce but : l'intérêt des compagnies était leur unique mobile. Leurs systèmes de mobilisation étaient radicalement vicieux, et aucune n'était une véritable banque de *crédit*. Elles faisaient des prêts ordinaires moins avantageux aux prêteurs et même aux emprunteurs, que les prêts isolés; la plupart n'opéraient que sur les propriétés *urbaines*, et dès-lors laissaient de coté la propriété *rurale*, celle qui a le plus besoin de capitaux; aussi la seule compagnie qui ait pris, la Compagnie Hypothécaire, fait-elle fort peu d'opérations, et les autres n'ont pas réussi.

de *réaliser son capital à sa volonté*, en totalité ou partie, *sans frais;* 3º la certitude et l'*exactitude du paiement des intérêts* à époques fixes, sur la seule représentation de son titre, *comme les rentes sur l'état;* 4º enfin, parce qu'il n'est point assujetti à remplir aucune formalité et n'a jamais ni poursuites à exercer, ni frais à supporter; et parce qu'il n'éprouve, par tous ces moyens, aucun retard, aucune perte, aucun mécompte, ni aucune diminution sur son capital ou sur ses intérêts ;

Soit au *commerce* et à l'*industrie*, parce qu'on jette dans la circulation non-seulement le capital énorme de la dette foncière (12 *milliards*); mais encore *une partie considérable de la valeur du sol* (1), en valeurs *sûres* et à l'abri de toutes faillites, ce qui donnera au commerce une confiance méritée qui ne contribuera pas peu à la facilité de ses opérations et à sa prospérité; et parce que, en procurant à l'*industrie* le concours des propriétaires fonciers, on lui fournit d'immenses ressources et on l'affranchit ainsi de la servitude écrasante et ruineuse de l'argent;

Soit à la *société tout entière* :

1º Parce qu'on la dote d'une *nouvelle valeur* dont le besoin est vivement senti dans l'état actuel de mobilité et de méfiance des esprits, valeur qui joint

---

(1) La richesse financière n'a de valeur que par la circulation. Les billets de banque en circulation dans toute l'étendue de la France sont de 240 millions. Qu'on juge d'après le bienfait de leur présence dans les affaires, du résultat immense de 20 *milliards* au moins de valeurs *plus sûres*, plus *avantageuses* et *plus faciles* !

à une *solidité parfaite*, à l'abri de toutes faillites, de toutes crises, même politiques, de toutes commotions, de toutes variations, l'avantage de se transporter facilement d'un lieu à un autre dans toute l'étendue de la France, sans frais ni perte d'intérêt; de circuler facilement comme les effets du commerce et des banques, auxquels elle est préférable, puisqu'elle se transmet, sans garantie, comme les billets de banque ordinaires, et jouit de plus qu'eux de l'intérêt, de la sûreté hypothécaire et de la facilité de *recouvrement en tous lieux*, de jouir enfin du paiement exact, ponctuel et régulier des intérêts à époques fixes, sans embarras de quittances et sans frais de recouvrement, *n'importe dans quelque endroit qu'on se trouve;*

2° Parce qu'on procure des moyens honorables d'existence, par le *travail,* à une foule considérable de personnes;

3° Parce qu'on établit entre les divers points de la France entre eux et avec la capitale, quant aux hommes et aux choses, des rapports journaliers et continuels qui aident à la civilisation, font disparaître peu à peu ces différences et ces distinctions rivales, de localités à localités, d'individus à individu, funestes à tous, et déterminent, généralisent et affermissent au contraire, le caractère, l'esprit, le *type national,* en un mot;

4° Et parce qu'on établit de cette manière, entre les divers moyens de crédit et d'échange et entre les intérêts respectifs des diverses localités entre

elles et de la province avec la capitale, *l'unité et l'u-
nion* si nécessaires en toutes choses et si favorables à
l'intérêt commun par la puissance du *moyen* et par
la régularité, la promptitude et l'exactitude de l'*action* ou des opérations.

Soit enfin, {aux *actionnaires* de la banque, parce
que le *capital social,* ses *intérêts* et même les *bénéfices* sont garantis et à *l'abri de toute chance de perte,*
et parce que ces *bénéfices* seront extrémement considérables (1).

BANQUE AGRICOLE ET INDUSTRIELLE.

A l'*agriculture* et à l'*industrie* proprement dite,
spécialement, et aussi au *commerce* par la circulation, au moyen d'une banque spéciale, sous la
dénomination de BANQUE AGRICOLE ET INDUSTRIELLE
DE FRANCE, qui, par la combinaison de son mécanisme, fournira des fonds aux *agriculteurs* ou propriétaires fonciers et aux *industriels* ou *manufactu-
riers,* sur consignation de leurs produits, *sans intérêt,* moyennant une légère prime et avec les plus
grandes facilités.

Les opérations de cette banque seront également
sûres, puisque les avances seront garanties par le *dé-
pôt* de valeurs suffisantes ; et dès-lors les effets qu'elle
émettra et qui emporteront *privilège,* allant en circulation, y répandront la confiance et de nouvelles
et importantes ressources (2) ; le producteur ne

(1) Voyez le *Coup-d'œil financier*, page 77.
(2) Un propriétaire pourra emprunter sur sa propriété, à la

sera pas obligé, comme dans l'état actuel, de donner ses produits à vil prix, souvent pour payer ses impôts; les relations de la banque rendront l'*écoulement des produits plus facile et plus avantageux* et les *objets de consommation* pourront être donnés *à meilleur prix aux consommateurs ;* enfin, quant aux actionnaires, elle leur offrira les mêmes avantages que la banque foncière, c'est-à-dire, *sécurité parfaite* et *bénéfices considérables* (1).

SOCIÉTÉ D'ASSURANCE MUTUELLE GÉNÉRALE DES REVENUS.

Ces deux sortes de richesses, la *propriété et l'agriculture*, notamment, seront délivrées de la perturbation déplorable qui les afflige perpétuellement, au moyen d'une SOCIÉTÉ D'ASSURANCE GÉNÉRALE MUTUELLE, *pour toute la France, contre tous les cas fortuits ;* et moyennant une cotisation qu'on peut dès à présent, d'après l'expérience des faits acquis, évaluer à quelques centimes seulement, par 1000 fr. de valeur assurée, et qui sera une *charge régulière comme l'impôt*, et beaucoup *plus légère que lui ;* les *revenus seront assurés* et à peu près *invariables ;* ce qui permet raisonnablement de penser que personne ne résistera à un avantage aussi grand et

Banque foncière, et sur ses produits, à la *Banque agricole*, pour la moitié environ de la valeur de chaque objet : ainsi , *la moitié de la valeur du sol et du revenu de la France pourrait*, par les moyens de ces deux banques, *être répandu dans la circulation en valeurs sûres!*

(1) V. le *Coup-d'œil financier*, page 77.

presque gratuit et que par conséquent, *toute la population fera bientôt partie de la société* (1).

(1) Ce n'était pas assez que de fournir au propriétaire foncier et à l'agriculteur toutes les ressources nécessaires pour obtenir de la propriété, par une exploitation aisée et convenable, tous les produits possibles, car ces produits peuvent leur échapper; il fallait trouver un moyen *d'assurer les produits*, ce fruit de leurs travaux de tous les jours et qui est le plus souvent leur unique moyen d'existence.

La société d'assurance mutuelle générale contre les cas fortuits réalise heureusement ce moyen.

Par elle, en effet, s'établit entre les hommes une communauté de maux qui les rend insensibles pour chacun; par elle disparaît cette perturbation déplorable qui pèse perpétuellement sur la propriété, sur la fortune, sur les moyens d'existence, sur la vie du plus grand nombre des hommes; par elle, cette fortune, ces moyens d'existence, cette vie, sont désormais assurés, invariables et à l'abri des événemens; par elle, en un mot, plus d'éventualités, plus de craintes, plus de déceptions; toujours certitude! Désormais, le cultivateur travaillera avec courage; il arrosera son champ de sa sueur avec joie; il y versera avec confiance le fruit de ses travaux passés et de ses économies, sûr que la terre le lui rendra avec usure et que son espoir ne sera pas déçu à son lever du lendemain; lui aussi pourra désormais dormir tranquille et compter sur une existence dont il était toujours inquiet; désormais il ne maudira plus Dieu, parce qu'il n'y aura plus pour lui de jours de désolation et de désespoir!

Une des plus grandes causes de perturbation, c'est la variation, le changement inattendu; aujourd'hui beaucoup, demain rien : telle est la triste condition de l'humanité pour la plupart des hommes.

Et cette perturbation devient plus grave, parce qu'elle a des effets plus immédiats et plus funestes lorsqu'elle s'applique aux choses les plus essentielles de la vie, aux besoins les plus usuels, les plus généraux : les *revenus fonciers*, ressources qui dominent toutes les autres comme servant aux nécessités de la vie quotidienne.

C'est ainsi, par exemple, que celui qui a juste de quoi vivre ou qui possède peu tombe dans la misère et le malheur par la suite du moindre dérangement de fortune : un incendie, une grêle, une gelée, une inondation produisent souvent la ruine plus ou moins complète d'un individu, d'une famille, d'une localité, d'un pays, tandis que les autres individus, les autres localités,

SOCIÉTÉ UNIVERSELLE.

Après avoir fourni à la propriété foncière et à l'agriculture les ressources nécessaires pour attein-

les autres pays sont dans l'abondance. — Et, à l'égard du plus grand nombre des propriétaires, chaque perte un peu considérable de récolte occasionne un retranchement de la propriété et par conséquent une diminution de la fortune et du bien-être, diminution qui, en se renouvelant à chaque événement, finit par amener la ruine complète du propriétaire. — Aujourd'hui, c'est le tour de l'un, demain cesera le tour de l'autre : en sorte que tout le monde finit par passer plus ou moins par cet état de perturbation et de désolation dont l'humanité gémit et que les fortunes sont soumises à des bouleversemens perpétuels.

La perturbation dans les revenus est la cause de beaucoup de crimes et de suicides, ainsi que le démontrent les documens officiels que nous avons précédemment rapportés d'après lesquels on a vu que le plus grand nombre se commet dans la classe des laboureurs et des journaliers; c'est qu'en effet chez eux les moyens d'existence sont les plus précaires : il suffit d'un événement pour leur enlever leurs ressources de toute l'année, et même de plusieurs, et alors le désespoir s'emparant d'eux ils s'abandonnent au crime, ou au suicide s'ils sont trop fiers ou trop timides pour recourir à l'aumône, et surtout si on la leur refuse.

C'est encore cette perturbation dans les revenus qui est la cause la plus usuelle des emprunts hypothécaires; et quand un emprunt a une pareille cause, il amène nécessairement la ruine totale ou partielle plus ou moins prompte du propriétaire emprunteur.

D'un autre côté, et ceci regarde la portion la plus heureuse de la population, les secours accordés aux victimes du sort ne sont pas également supportés, ils retombent entièrement sur ceux qui se trouvent les plus voisins du désastre ou le plus haut placés dans l'échelle sociale, et deviennent ainsi très considérables, surtout pour ces derniers à l'égard desquels ils se répètent.

Les cas fortuits sont des maux qui nous viennent de notre commune mère, la nature, et qui dès lors doivent être supportés par tous ses enfans dans une juste proportion des biens qu'elle donne à chacun, de même qu'en politique les citoyens supportent les charges de l'état, et, en droit, les héritiers, celles de la succession : ce sera là le résultat de l'assurance mutuelle générale contre tous les cas fortuits.

Or, la somme totale des cas fortuits relativement à la somme dre leur plus grand développement et donner toutes leurs richesses ; après avoir assuré ces richesses contre les caprices du sort, et fait ainsi pour la propriété dont la valeur est, dès à présent, certaine ,

générale des revenus est fort minime ; les cas fortuits ne sont un fléau que parce qu'ils tombent sur un seul ou sur quelques-uns au lieu d'attaquer la masse : répartis entre tous ils deviennent nuls pour chacun, et dès lors on peut compter sur son revenu, puisque celui qui a été atteint par un cas fortuit qui le prive de sa récolte en nature reçoit une indemnité équivalente.

———

Les revenus devenant fixes, les *impôts* pourront s'établir et se répartir plus équitablement ; *leur recouvrement sera en tout cas plus facile, plus régulier et assuré.*

———

Le système actuel d'assurances *isolées* est *incomplet, impuissant et sans vue morale ni d'intérêt général.* Les assurances ne sont en usage que dans certaines localités et *la majeure partie de la France en est privée ;* elles ne s'appliquent qu'à un très petit nombre de cas fortuits, ensorte que celui qui a payé une prime ou cotisation pour garantir sa récolte contre un événement, la voit souvent détruite par un autre événement et éprouve ainsi la double perte de la cotisation ou prime et de sa récolte. Il en est autrement avec l'assurance générale, puisque l'assurance s'applique à tous les événemens et à toute la France.

La plupart des compagnies actuelles ont été fondées dans un but financier pour les fondateurs à qui elles ont produit des bénéfices énormes ; la *société d'assurance mutuelle générale contre tous les cas fortuits est* au contraire une *œuvre éminemment sociale, populaire et d'intérêt général.*

———

Enfin, cette Société, aidée par le concours que lui prêteront la banque foncière et la banque agricole et industrielle, qui obligeront leurs cliens à se faire assurer contre les cas fortuits, *établira définitivement en France et nationalisera* le système de la *mutualité,* qui est tout à la fois le plus moral et le plus avantageux en toutes choses, en fait d'assurances surtout, et auquel pourtant l'esprit français a constamment résisté, soit par suite de l'individualisme, qui se généralise, soit parce que ce système, nouveau en France, n'y a pas été suffisamment compris, ni appliqué sur une échelle assez vaste pour produire d'excellens effets, soit enfin parce qu'on en a abusé dans beaucoup de cas.

tout ce qu'elle réclamait, il reste à s'occuper de la richesse qu'on obtient par l'exploitation, c'est-à-dire, de l'*industrie* proprement dite; ce sera l'objet de la SOCIÉTÉ UNIVERSELLE.

Au moyen de cette société, l'*industrie* reçoit tout le développement dont elle est susceptible; elle est dégagée des entraves, de la fraude, de la mauvaise foi et de l'usure qui l'arrêtent dans sa marche et la ruinent; elle est délivrée de ces fausses spéculations, de ces associations mensongères et frauduleuses qui jettent la perturbation dans l'industrie, la ruine dans les familles, la défiance et la déconsidération partout; elle est régularisée, constituée en état normal, durable et puissant et dirigée dans la voie morale et bienfaisante du progrès, de la véritable association et de l'intérêt général (1).

La *société universelle* est effectivement destinée à introduire, propager et développer partout l'esprit et le système d'association, obtenir, par ce moyen, de chaque chose *tout* ce qu'elle est susceptible de produire, et favoriser la marche rapide du progrès jusqu'à sa dernière limite.

Elle a pour objet de former, commanditer ou appuyer toutes sociétés immobilières, agricoles, industrielles et commerciales.

Elle appliquera le système d'association à toutes choses, et notamment aux exploitations agricoles (2).

(1) Voy. Statuts *de la Société Universelle*.
(2) Le système de *morcellement* des propriétés, qui a succédé

L'importance et le crédit de la société universelle lui permettront d'entreprendre d'une manière
plus sûre, avec des capitaux moindres, à des conditions plus avantageuses, et par conséquent avec
infiniment plus de chances de succès et de béné-

au régime féodal, inerte et stationnaire, est devenu lui-même
mauvais, parce qu'il a été poussé trop loin; il est d'ailleurs vicieux et impuissant en soi, parce qu'il sépare et isole, et ne
produit qu'une vie au jour le jour, trop faible pour enfanter (a);
son temps est fini, il doit être remplacé par l'*association*, qui est
le meilleur de tous les moyens, le dernier terme du progrès.

L'*association* réunit les avantages du morcellement à ceux de
la grande possession, sans avoir les inconvéniens d'aucun de
ces deux moyens.—Celui qui possède un peu isolément est plus
enclin à l'envie et à la convoitise que celui qui ne possède rien;
ainsi le *cultivateur petit-propriétaire* vise sans cesse à l'em-
piètement sur le champ de son voisin; son champ est mieux
cultivé et produit davantage que celui qu'il cultive pour autrui.
(Ce ne sont point là des suppositions, ce sont des faits qu'on ne
peut nier.) Or ce résultat ne peut avoir qu'une cause mauvaise;
car tout arbre qui produit de mauvais fruit est mauvais; il
prouve le mal de la société et démontre évidemment la supé-
riorité de l'association sur tout autre moyen; car celui qui possède en commun, en effet, non seulement évite de porter préjudice à autrui, parce que ce préjudice retomberait sur lui-même;
mais encore il travaille pour autrui parce que ce travail doit
aussi lui profiter : ainsi il reçoit de lui-même son châtiment
où sa récompense; il s'habitue au bien par intérêt et cette habitude, survivant à sa cause, devient une vertu inhérente à
l'homme : l'association améliore donc essentiellement l'homme.

Le système d'association appliqué aux exploitations agricoles
doit donc produire d'immenses résultats moraux et matériels.—
Il *mobilise la propriété* sans la détruire, et, au contraire, en
l'assurant et l'améliorant (b); il concourt à faire disparaître peu
à peu la dette foncière qui la ronge.

(a) Le système de morcellement s'oppose au développement de la science agricole comme ne permettant en aucune manière, les essais et les exploitations en
grand.

(b) Ce système amènerait un *remaniement électoral*. Dans l'état actuel il di-
minuerait le nombre des électeurs.

fices que toute société isolée, les plus vastes entreprises publiques ou particulières. Elle pourra notamment percer des routes, établir des chemins, ouvrir des canaux, jeter des ponts et fonder même des centres de population et des colonies agricoles.

L'organisation et la marche de la société universelle seront telles qu'on peut dès à présent dire que toutes ses opérations, et par conséquent l'association en général, perdra le caractère hasardeux qui lui est propre et deviendra au contraire un mode d'utilisation ou placement des capitaux, presque aussi sûr qu'un placement foncier.

REMARQUE GÉNÉRALE SUR LES INSTITUTIONS A FONDER.

Ces diverses institutions sont tout-à-fait distinctes et indépendantes les unes des autres, et chacune d'elles peut subsister isolément; mais néanmoins elles s'harmonient si bien ensemble que la réussite de l'une détermine et assure celle des autres; et chaque institution renferme en elle-même des élémens de succès tels que ce succès ne saurait être douteux un seul instant, et que, par conséquent, la réalisation complète du plan ci-dessus exposé est assurée (1).

(1) Voir le *Coup-d'œil financier*, page 77.

La Banque foncière et la Banque agricole obligent leurs cliens à se faire assurer par l'Assurance mutuelle générale contre tous les cas fortuits; cette assurance offre des garanties imposantes à la Banque agricole et industrielle et surtout à la Banque foncière, et elle utilise ses capitaux *bons au porteur* et en *bil-*

En fondant notamment, tout d'abord, la société universelle, cette société fonde elle-même les autres et particulièrement la banque foncière et la banque agricole et industrielle qui sont par actions.

Le système de la société universelle, indépendamment des autres avantages qui lui sont propres, possède encore celui de *réunir en un point, sous une haute administration générale, une foule d'administrations isolées*, de faciliter, par ce moyen, les recherches, vérifications et réclamations; d'obtenir une *économie très-considérable dans les frais d'administration*, frais souvent énormes et qui peuvent suffire pour constituer en perte une société isolée; d'offrir enfin une *garantie colossale qu'on ne peut obtenir d'aucune autre manière*.

2. AMÉLIORATION DU SORT DU PEUPLE.

Nous avons démontré précédemment le vice de l'organisation sociale actuelle sous le rapport du partage des richesses et notamment de la participation à leur production des divers agens qui y concourent;

lets de banque fonciers de ces deux banques ; la banque agricole et industrielle elle-même utilise ses capitaux courans en billets de banque fonciers. La Société universelle utilise également ses capitaux en billets de banque fonciers et bons au porteur : en telle sorte que ces diverses institutions s'alimentent et s'aident réciproquement, et que jamais aucune d'elles n'a de capitaux improductifs et n'est obligée d'avoir recours à des caisses étrangères, soit pour utiliser, soit pour obtenir des fonds, ce qui constitue un triple avantage dont les résultats immenses seront facilement sentis et appréciés, et qu'aucun autre établissement ne possède et ne peut posséder.

Mais en signalant l'injustice du principe actuel de la possession et surtout de l'appréciation de la valeur du travail, en démontrant le *droit naturel* qui appartient à l'homme de revendiquer la portion de salaire qu'on lui ravit en profitant de ses besoins, nous avons annoncé que nous respections le passé et le présent, en un mot, la propriété et les droits acquis, et que nous voulions seulement entrer dans l'avenir, c'est-à-dire, avoir une juste part des biens que notre collaboration procure, une juste récompense de nos travaux.

Eh! qui voudrait, en effet, travailler et économiser; qui voudrait devenir époux et père, si on ne pouvait conserver sûrement et transmettre après soi, le fruit de son travail et de ses raisonnables privations? La propriété est la base de la famille, comme la famille est la base de la société; sans la propriété, pas de famille, et sans famille, pas de société : la *propriété* est donc la *base fondamentale de la société; la propriété doit donc être respectée.*

Nous avons dit aussi que nous repoussions les moyens violens, quelque légitime, du reste, que fût leur cause, parce qu'ils étaient le plus souvent injustes dans leurs résultats, soit par les excès de la violence elle-même, soit parce qu'ils atteignent l'innocent comme le coupable et souvent même plus que lui, et par la raison aussi qu'ils consacrent un principe de destruction funeste au repos et au véritable bonheur du monde.

Ce n'est donc point par le dépouillement violent

du riche que doit s'opérer l'amélioration du sort du peuple.

Mais ce n'est pas non plus par des aumônes ou par de simples travaux passagers, mais bien par une mesure générale et de principe dont les effets soient continuels, qu'on peut satisfaire le peuple et réaliser les améliorations que son état réclame, car :

Les travaux momentanés cessant, le besoin renaît, et d'ailleurs, ainsi que nous l'avons déjà dit, dans l'état actuel les travaux sont loin d'assurer le bien-être du peuple, puisqu'ils ne procurent généralement que la vie au jour le jour, et souvent même sont insuffisans à une existence présente, confortable.

Et l'aumône!... l'aumône est une infirmité sociale qu'il faut se hâter de faire disparaître de dessus la terre, parce qu'elle dégrade l'humanité et est un témoignage permanent de la corruption et de la méchanceté des hommes ; l'aumône est contraire à la dignité et à la liberté de l'homme, elle détruit son indépendance ; l'aumône n'est qu'un moyen d'orgueil et d'oppression, car elle blesse et humilie celui à qui elle est jetée !

Or, comme l'*association* est désormais le *moyen de l'avenir;* que c'est par elle que doivent s'exécuter et s'accomplir toutes les entreprises de quelque importance, surtout au moyen de la *société universelle,* l'application de notre système est facile à réaliser, par la création, dans chaque société, d'un *fonds de bienfaisance* auquel est affectée une portion des *bénéfices nets* et qui est employée :

Pour une partie, à *assurer aux travailleurs des ressources pour l'avenir*, soit par la création de rentes ou pensions viagères, soit par des dotations à titre de capital d'établissement, soit enfin de toute autre manière ;

Et pour l'autre partie, à concourir au *soulagement* de la classe *pauvre*, et peu à peu à *l'extinction de la mendicité*, ainsi qu'à la *propagation de l'instruction et de la morale*, soit en fondant, entretenant ou aidant des établissemens de charité, d'instruction, d'utilité publique, etc., soit par la création de rentes viagères, à titre de secours ou de bourses, particulièrement parmi les familles des travailleurs, soit enfin par d'autres moyens convenables.

Et il est évident que cette participation du *travailleur*, par l'association, aux bénéfices de l'œuvre à laquelle il concourt, ne sera pas seulement avantageuse à lui, aux siens et aux pauvres, mais encore au maître, au riche et même à l'état ;

Au *maître*, car il est certain que dans l'état actuel il y a rivalité, haine entre le maître et l'ouvrier, entre le propriétaire et le travailleur, parce que le premier spécule sur le salaire de l'ouvrier et le réduit le plus possible, et que de son côté, l'ouvrier, par esprit de représaille, ne fait juste, que ce qu'il ne peut s'empêcher de faire, le fait moins bien, et, s'il n'est pas surveillé, dérobe du temps au maître par un repos trop prolongé ou par défaut de zèle et de soin dans l'exécution. Tandis qu'avec notre système, l'intérêt du travailleur étant lié au succès de l'œuvre, il s'y intéresse et y concourt de tout son pouvoir; la surveillance devient inutile et est ainsi économisée. Enfin, la portion du travailleur se prenant sur les *bénéfices nets* et devant, du reste, être établie dans une proportion raisonnable, elle ne fait supporter aucune perte au maître dans aucun cas, et se trouve certainement inférieure au résultat du travail consciencieux de l'ouvrier; enfin au cas de *non bénéfice*, ce travail consciencieux tourne uniquement à l'avantage du maître, puisque, sans lui, le travail aurait moins produit, et que, par conséquent, la perte, si perte il y a, serait plus grande.

Au *riche*, car le paupérisme disparaissant, il est délivré des aumônes qui, souvent dans l'état actuel, sont pour certains une lourde charge; et il est évident que cet allégement est un *pur bénéfice,* puisque le moyen de l'obtenir est pris, non pas sur ce qu'il possède maintenant, mais sur une *augmentation* de sa richesse actuelle, augmentation *qui est le résultat de notre système;* ainsi *le riche a un double avantage.*

A l'*état* enfin, car la disparition du paupérisme et le concours de l'association aux charges de l'instruction, sont évidemment un allégement des dépenses publiques, allégement qui profite à la masse de la nation et au riche surtout.

AVANTAGES MORAUX.

Indépendamment de ces avantages matériels, il en est de purement moraux dont quelques-uns particulièrement méritent d'être signalés.

1. La rivalité et la haine qui existent entre le maître et l'ouvrier, entre le riche et le pauvre, par les motifs que nous avons relevés, cessent en même temps que leur cause, et sont remplacés par des sentimens réciproques d'intérêt, de bienveillance et de dévouement.

2. Le travailleur, que la lutte actuelle entre ses intérêts et ceux du maître, entretient dans un état voisin de l'improbité, puisqu'elle le porte, comme malgré lui, et par un sentiment de représaille naturel chez l'homme, à dérober du temps et des soins au maître, contractera, par l'association et la communauté de leurs intérêts, l'habitude de la probité, qu'il appliquera, par suite, à toutes les autres actions de sa vie, comme il fait maintenant de l'habitude contraire.

CONCLUSION.

Il est manifeste que nous n'avons pas failli à la règle tracée en commençant, c'est-à-dire que *nous respectons*, de la manière la plus complète, *la propriété et les droits acquis*, puisque *personne n'est obligé* d'employer ou exploiter sa fortune, soit à présent, soit plus tard, autrement que d'après sa *libre* volonté, non plus surtout que d'employer ses capitaux dans les *sociétés industrielles* qui seront fondées par la société universelle, et que ce n'est que dans les *bénéfices nets* de ces sociétés, que nous prenons nos moyens d'amélioration en faveur du travailleur et du pauvre.

Tout autre moyen serait anti-social, car, *dans une société civilisée, chacun* est et *doit être maitre de ce qu'il possède.*

Seulement nous prévoyons que par l'effet de la tendance de l'*esprit dominant* vers l'association, et au moyen surtout de notre société universelle qui favorise cette tendance, développe, fortifie et généralise cet esprit, l'*exploitation isolée* sera peu à peu et avant long-temps *définitivement remplacée par l'association* (ou sociétés) qui est le mode d'exploitation par excellence, puisqu'il consolide la propriété en faveur de celui qui la possède, et qu'il offre, en outre, à tous en général et à chacun en particulier, des avantages qu'on ne peut obtenir que par lui; et *alors se trouvera pleinement réalisée* et établie la *participation du travailleur à la production ou véritable association* du travail et du capital, et la *juste répartition des richesses:* alors le *paupérisme disparaitra,* et le *bien-être du peuple se trouvera assuré.*

3. RÉFORME ET DIRECTION
DE L'ESPRIT DOMINANT.

Ainsi que nous l'avons précédemment constaté, l'esprit dominant de l'époque est et ne peut être qu'un esprit positif et matériel, parce qu'il est la conséquence naturelle et nécessaire de l'*état de paix*, qui *est l'état naturel des sociétés civilisées*.

Mais l'esprit des affaires n'implique point nécessairement l'immoralité, l'improbité, l'injustice, et, au contraire, la moralité, la probité, la justice, doivent être la base des affaires, car sans elles pas de confiance, sans confiance pas de crédit, et sans crédit pas d'affaires.

Nous avons pareillement constaté que l'esprit dominant actuel est essentiellement mauvais, immoral et corrompu, parce que, abandonné à lui-même, à son point de départ, il a pris une fausse route et s'est fourvoyé, comme un jeune homme qu'on lance, sans guide, au milieu du monde où il est bien vite séduit par l'attrait du plaisir, et entraîné à sa perte par les suppôts du vice; qu'il conduit la société vers sa dissolution et qu'il est urgent de le faire rentrer dans la bonne voie, et de l'y maintenir et conduire.

De même, en effet, qu'un corps a besoin d'une tête pour le diriger, de même qu'une compagnie a besoin d'un chef, de même aussi l'esprit dominant doit avoir un guide, un mentor.

L'esprit dominant d'une nation est la chose la plus importante et la plus délicate, puisqu'elle embrasse tous les hommes, sans exception, et qu'elle peut les conduire au bien ou au mal, à la prospérité ou à la ruine, à l'honneur ou à l'avilissement, au bonheur ou au malheur.

L'esprit dominant doit donc captiver l'attention constante, être l'objet de la sollicitude de tous les instans, des soins continuels de celui qui est chargé de le gouverner.

Et à qui appartiendrait cette immense, noble et sainte tâche, sinon à celui à qui la nation a confié le soin de ses intérêts, et la mission de la diriger dans la route difficile de la vie sociale ; qu'elle a investi du titre glorieux et sacré de souverain, de père du peuple ; que Dieu et le choix de la nation ont placé au premier rang entre tous les hommes ; à qui enfin a été conférée l'inviolabilité, comme pour en faire un être à part, au-dessus des hommes et pareil à DIEU !

Or, pour gouverner l'*esprit dominant*, qu'on peut appeler *esprit social*, il faut connaître et comprendre parfaitement cet esprit dans son principe, dans sa marche, dans ses conséquences ; il faut posséder la science de l'homme, c'est-à-dire la connaissance de sa nature, de son cœur, de son caractère et de ses penchans ; il faut posséder la science parfaite des événemens, qui sont comme les fanaux éclairant le voyageur, afin d'en tirer les lumières nécessaires pour bien juger et bien gouverner l'avenir ; il faut enfin, au moyen de ces élémens principaux, et, en consultant le tendance de l'esprit actuel, prévoir, aider et diriger progressivement sa transformation en lui imprimant doucement un retour et une direction nouvelle, sûre, morale, équitable, bienfaisante et salutaire.

L'*association* vers laquelle tendent manifeste-
ment tous les peuples, toutes les nations civilisées,
et qui a déjà pris partout possession de l'avenir et
même du présent, parce que les moyens ordinaires
sont devenus insuffisans, et qu'elle possède seule
la puissance d'action nécessaire, l'association est
désormais le *moyen* entre l'intelligence et la matière, entre le producteur et la production, entre
le travail et la richesse, le *lien* entre l'homme et la
société, comme la communion l'est entre l'homme
et la Divinité.

L'association est donc irrévocablement pour l'a-
venir, et elle est même pour le présent, le véritable *esprit dominant* : c'est donc vers l'association que
toute l'attention, tous les soins, toute la sollicitude du monarque doivent se porter.

L'esprit d'*association* est en effet le plus moral,
le plus productif, le plus bienfaisant. L'association
renferme toute la fortune, toute la puissance de
l'avenir ; la force et la vie; le germe du bien-être
moral et matériel auquel le monde est appelé; le
moyen le plus efficace d'union entre les hommes;
le gage le plus sûr et le plus durable de la stabilité, de la sécurité et de la paix universelle.

*L'association est la seule communauté de biens
possible :* elle rassemble les moyens isolés de chacun pour le plus grand avantage de tous; mais en
laissant et assurant même à chacun ce qui lui appartient; car chacun apporte à la chose commune
le même soin, la même surveillance qu'il apporte-

rait à sa propriété exclusive , parce que son intérêt l'y engage. — Elle réunit tous les avantages de la possession commune et de la propriété privée , sans avoir aucun des inconvéniens propres à chacun de ces modes prrticuliers; — elle améliore matériellement et moralement la société sans choc , sans violence, sans ébranlement, sans blesser aucun intérêt, et par conséquent sans danger ; et au contraire elle *affermit l'ordre social* en intéressant tout le monde à son maintien, à sa conservation, à sa tranquillité; — elle est conforme aux lois positives et sociales qui nous régissent et nous dominent, et qui ont pour base fondamentale et perpétuelle : *respect à la propriété et aux droits acquis.*

L'association est le vaste *domaine de tous* et peut fournir à *tous* : *nécessaire, aisance, richesse.*

Mais pour produire ces bons effets, qui lui sont propres, l'association doit être établie et dirigée sur des bases et dans une voie convenables et à l'abri de la fraude et de la mauvaise foi;

Car autrement le bien pourrait devenir un mal, le remède pourrait se convertir en poison, ainsi que la France vient d'en donner le triste exemple au monde!

L'association naît en France; et déjà, abandonnée à elle-même, elle a été offensée et a failli, elle a dévié de son chemin.

L'association, comme nous l'avons dit, est, en principe et doit être dans son application , la réunion des forces isolées tendant vers un même but pour obtenir un résultat meilleur. Ce principe a été méconnu : *l'association est devenue en France un moyen d'agiotage et d'escroquerie.* Cet état se perpétuerait et l'association faillirait encore si une main protectrice, habile, sage et puissante ne la faisait rentrer dans la bonne voie, et ne lui imprimait, en la soutenant, une direction nouvelle et sûre vers le bien ;

Car la répression du mal n'est pas suffisante ; il ne suffit même pas, d'ailleurs, d'empêcher le mal, *il faut aussi faire le bien ;*

Et on obtient moins par la punition et la contrainte, qui irritent la susceptibilité et l'indépendance de l'homme, que par la morale et l'exemple, qui le convainquent et l'encouragent :

Dominer les sociétés et leur imprimer une direction essentiellement équitable, morale, bienfaisante et sûre, c'est le plus efficace comme le plus salutaire des moyens d'amélioration.

La *société universelle* accomplira ce dessein : comme on l'a dit, cette société résumera l'association ; mais cependant, fidèle à sa mission *sociale,* elle n'en exercera point le monopole malgré sa puissance : elle fondera surtout ses sociétés par *actions,* afin que chacun puisse y participer ; elle appellera à elle toutes les sommités, toutes les spécialités, toutes les capacités, tous les talens, et réunira tous les intérêts, mais *pour le plus grand avantage de la masse.*

SYSTÈME DE CENTRALISATION.

Indépendamment des avantages , déjà énoncés, de la société universelle, il en est un autre que son importance , par ses résultats , place au premier rang et qui mérite une mention spéciale : c'est la la *centralisation dans la capitale, de la puissance* matérielle et morale *d'exécution ;* non point telle qu'elle est actuellement, c'est-à-dire , imparfaite , inerte, sans but ou hostile et pour déposséder la province, ou la priver, en privant aussi tout le monde, des richesses qu'elle peut donner par l'exploitation; mais, au contraire, pour *unir*, par la liaison de leurs intérêts respectifs , *la province et la capitale,* qui sont actuellement séparées, pour ainsi dire, et presque ennemies sous le rapport des intérêts du moins , et pour *réunir* en un point et comme en un *foyer* toutes les lumières, tous les moyens, tous les intérêts moraux et matériels , toutes choses qui acquerront par cette réunion une plus grande puissance, et se répartiront dans la province avec plus de force et d'avantage, d'une manière plus efficace et plus salutaire.

Et tout en étant plus favorisée qu'elle ne l'est actuellement , la province, par son union d'intérêts avec la capitale, sera moins séparée et par suite moins indépendante : *la capitale la dominera nécessairement* (1).

(1) Ce qui précède explique suffisamment notre pensée et que

Ainsi se trouvera résolu et appliqué naturellement, sans rivalité, sans secousse, sans danger et
pour le plus grand *avantage de tous*, le problème de
la véritable et de la plus *puissante centralisation* (1).

nous n'entendons point ici par domination de la province par la
capitale, un pouvoir ou un droit absolu, arbitraire, tyrannique et
oppresseur; mais simplement une *pensée principale dirigeante*,
à laquelle, par conséquent, toutes les autres doivent se confor-
mer, non point dans l'intérêt particulier et exclusif de la capitale;
mais, comme nous l'avons déjà dit, dans l'intérêt commun de la
capitale et de la province. *La France de l'avenir va être une
même grande famille industrielle*, à laquelle il faut dès lors,
comme à tout corps, même matériel, comme dans tout mécanisme
bien organisé, un moteur principal, un système d'action, une pensée dirigeante, uniforme partout, un point central de réunion et
de départ des forces et des moyens qui vivifient les membres dont
le point central fait partie et donnent à chacun plus de force qu'il
n'en possède isolément par lui-même. Tandis que dans l'état actuel il n'y a entre la province et la capitale aucune union, aucune
conformité, aucune unité : elles sont comme des nations voisines,
et même elles sont plus isolées l'une de l'autre, que ne le sont, par
exemple, la France et l'Angleterre ou la Belgique, sous beaucoup
de rapports; la capitale délaisse la province et la province considère la capitale comme une ennemie rivale et ne lui donne aucun
secours, et cet état est aussi funeste à toutes deux que notre système de *fusion* ou d'*union avec ordre* leur sera favorable. La *domination* d'ailleurs *n'appartient plus aujourd'hui à la force
matérielle et brutale;* mais à l'*intelligence, à la raison et à la
justice.*

(1) Le jour où s'établit à *Paris* une *Centralisation bienfaisante pour la province* par l'union de leurs intérêts respectifs.

Paris domine sûrement la province comme étant le centre de
ses opérations, le point de départ et de réunion de ses intérêts,
comme possédant le foyer de la lumière qui l'éclaire, du feu qui
la réchauffe, des alimens qui la vivifient.

La province est intéressée à la conservation de Paris, et le
jour où Paris est menacé, la province entière se lève pour le pro-
téger et le défendre. *Le rempart de Paris, c'est alors la province, la France entière.*

Au moyen d'un tel système de centralisation, Paris est la
France : *posséder Paris c'est posséder la France.*

GRAND CONSEIL DE DIRECTION MORALE.

Quoique les institutions qui résument notre système d'améliorations sociales soient des établissemens particuliers qui puissent et doivent être fondés par actions, elles n'en ont pas moins, considérées surtout dans leur ensemble, une portée morale et d'intérêt général trop haute, puisque leur réalisation portera partout la fixité et la certitude, la vie et le bien-être, puisqu'elles réformeront l'esprit dominant ; elles résolvent d'ailleurs des questions sociales et même politiques trop importantes, pour être envisagées simplement sous le rapport de l'intérêt particulier des actionnaires (1), comme des entreprises ordinaires. Ce n'est pas tout que de les organiser et diriger *financièrement* avec habileté, de manière à obtenir les plus grands résultats possibles d'*argent*, elle doivent aussi remplir leur mission sociale : *faire disparaître le paupérisme,* cette plaie douloureuse et affligeante de la société; *augmenter la fortune du riche; assurer le bien-être du travailleur; unir les hommes, les instruire de les rendre meilleurs.*

Ces institutions seront donc entourées d'un GRAND CONSEIL DE DIRECTION MORALE, dont la haute mission sera de représenter et défendre perpétuellement l'intérêt de la morale et de l'humanité, et de-

____

(1) On sera convaincu par le *Coup-d'œil financier* qui termine ce travail, qu'aucune entreprise ne peut offrir plus et même autant de bénéfice que celles-ci.

veiller à ce que les sociétés accomplissent religieusement leur but social.

Ce grand conseil sera composé d'un nombre illi-
mité de membres, actionnaires ou non, résidans à
Paris ou en province, choisis surtout parmi les sommités sociales.

Le ROI, à qui appartient naturellement et rationnellement la direction suprême de l'esprit dominant
de la nation, de même que le soin direct du bonheur de son peuple, est PRÉSIDENT NÉ de ce grand
conseil *et sera supplié de prendre notre œuvre de réno-
vation sociale sous sa puissante protection.*

AMÉLIORATION
INTELLECTUELLE ET MORALE.

—

JOURNAL.

—

La publication d'un journal complétera notre
système d'amélioration, fera marcher ensemble l'a-
mélioration matérielle et l'amélioration intellectuelle et morale, et maintiendra ainsi l'équilibre
qui doit régner entre elles.

Ce journal sera envoyé *gratis* à tous les actionnaires ou sociétaires des diverses sociétés, ainsi
qu'aux autorités, fonctionnaires publics, etc. (1),

(3) Ce journal sera si répandu qu'il deviendra préférable pour la
publicité à tous les autres journaux. Les annonces seront abondan-
tes et suffiront pour faire face aux frais du journal, qui pourra devenir même pour la société universelle une cause de bénéfices. —
Chaque société particulière paiera un abonnement.

afin que les opérations de la société reçoivent la plus grande publicité et que l'esprit d'association se propage plus vite et plus généralement.

Il ne sera pas un résumé *sec* des opérations de l'association ; il contiendra aussi des articles de *morale*, de *religion*, *sciences*, *arts*, *hygiène*, *intérêt général*, etc., etc. Il deviendra ainsi fort attrayant, et se trouvant répandu partout, à la ville et à la campagne, dans *presque toutes les familles*, il exercera sur l'esprit public et sur les mœurs, usages, etc., une influence d'autant plus grande, plus immédiate, plus directe et plus sûre qu'on s'attachera au journal à cause de son utilité réelle, pratique et journalière pour chaque lecteur. On le lira parce qu'on le possèdera gratuitement et qu'on l'aura à sa disposition, tandis que dans la campagne surtout, on est souvent réduit à la nécessité de se priver d'acheter les livres les moins chers, et d'envoyer ses enfans à l'école par le besoin qu'on a d'eux pour travailler pendant le jour. Ce journal contribuera surtout à faire naître, entretenir et développer le goût de la lecture, des sciences, arts, etc., ainsi que l'*amour du bien et des saines idées*; à découvrir des vocations particulières, le génie même chez des hommes qui, sans cela, seraient peut-être restés plus ou moins long-temps et même toujours dans une ignorance plus ou moins absolue; il fera autant et peut-être plus, en un mot, pour l'*éducation* et l'*instruction* de la *masse* que tout ce qu'on a pu imaginer jusqu'à ce jour.

RÉSUMÉ GÉNÉRAL DU SYSTÈME.

Il est évident que le système de notre plan d'améliorations sociales forme l'ASSOCIATION la plus vaste, la plus compacte, et dès lors la plus puissante qu'on ait pu concevoir, puisqu'elle s'étend simultanément à *tous les lieux*, jusqu'aux points les plus éloignés de la France et embrasse *tous les hommes;* qu'elle les *unit* par le lien le plus puissant, l'*intérêt*, et qu'elle opère ainsi forcément, quoique d'une manière douce et naturelle, la FUSION la plus complète de toutes les classes, de tous les partis, de tous les intérêts, sans exception comme sans distinction; qu'elle établit enfin, par ses rapports journaliers, quant aux hommes et quant aux choses, entre les individus, entre les diverses localités, entre la province et la capitale, ainsi que dans les mœurs, les usages, les idées et l'esprit même, l'UNITÉ la plus réelle et la plus parfaite. Et dès lors se trouvent rationnellement établis, généralisés, consacrés et consolidés : d'une part, ce *type national*, qui fait reconnaître le Français (en quelque coin de la France qu'il ait reçu le jour) dans tous les pays du monde ; et d'autre part cet *ordre*, cette *hiérarchie* et cette *conformité d'esprit, d'idées, de vues, de moyens et d'action,* qui rendent facile, sûre, efficace et salutaire la direction de l'*esprit dominant*, et qui sont si indispensables à l'exécution prompte, régulière et parfaite des lois, comme à la tranquillité des nations et à la stabilité des gouvernemens.

APHORISMES POLITIQUES.

Nous compléterons l'exposé de notre système d'améliorations sociales par les aphorismes politiques suivans :

1. Les questions de politique intérieure d'une nation se résolvent presque toutes par les questions sociales, car la politique a pour objet l'intérêt de la nation ;

Et l'acte le plus important de la politique d'un gouvernement civilisé, c'est :

De bien gouverner l'esprit dominant,

Et d'assurer le bien-être des masses.

2. L'*esprit du souverain* doit résumer l'*esprit dominant*, et à lui appartient rationnellement, par la nature, le devoir et le droit, l'importante et sainte mission de le gouverner; car il est le représentant-né du peuple, l'administrateur suprême de l'intérêt public; et s'il délègue l'administration ou l'action à ses ministres, la haute direction est essentiellement dans les attributs de la royauté.

3. Quand le corps souffre l'esprit est inquiet, et les passions s'agitent; mais quand il est satisfait l'esprit est calme et les passions dorment. Quand le peuple est heureux, il veut le repos, la tranquillité et le maintien de ce qui est, afin de conserver son bonheur; il est sourd aux mauvais conseils

et les repousse. Au contraire, quand le peuple souffre, l'idée d'un changement lui apparaît comme le moyen d'un sort meilleur, et il se prête à toutes les passions malfaisantes : il devient volontiers l'*instrument des factions*.

4. Or le *peuple est la véritable puissance matérielle* d'une nation, parce qu'il en est la portion la plus nombreuse, la plus forte et la plus courageuse; et s'il ne délibère ou ne proclame régulièrement les révolutions, c'est lui qui les *accomplit*.

5. Il est donc de la plus saine politique d'un souverain de satisfaire les besoins du peuple, afin de posséder l'esprit du peuple et la force de la nation.

6. Nous ajouterons : il le doit :

Pour le peuple, car il est le père du peuple ;

Et *pour lui-même*, car l'amour du peuple est la sauvegarde la plus puissante, l'appui le plus sûr et le plus fidèle, le défenseur le plus dévoué.

CONCLUSION.

7. En résumé : satisfaire les besoins du peuple, assurer son bien-être et le rendre heureux ; obtenir ainsi sa reconnaissance et son amour, ce doit être le premier soin , car c'est l'intérêt et le devoir d'un bon roi.

—

Nous terminerons notre travail par un aperçu détaillé des *principaux résultats particuliers* de notre système , et par un *coup-d'œil financier* sur les entreprises qui le résument et doivent le réaliser.

APERÇU

DES RÉSULTATS PRINCIPAUX PARTICULIERS

DU SYSTÈME

D'AMÉLIORATIONS SOCIALES

DONT LE PLAN PRÉCÉDE.

Il faut d'abord rappeler

Que la propriété foncière est actuellement grevée d'environ 12 milliards de dettes hypothécaires;

Que ces 12 milliards sont engagés d'une manière fixe, et que le commerce et l'industrie en sont ainsi privés;

Que la propriété manque de ressources;

Que ses produits sont inférieurs aux intérêts et frais de sa dette, qui par conséquent dévore peu à peu le capital;

Enfin que l'industrie agricole, qui mérite d'occuper le premier rang parmi les industries, à cause de sa nature et de son utilité première, est pourtant la plus et peut-être la seule négligée, parce que, exploitée imparfaitement comme elle l'est, faute de ressources et de moyens suffisans, elle donne les plus mauvais résultats.

Les institutions indiquées dans le plan qui précède auront notamment les résultats suivans :

1. La propriété et l'agriculture obtiennent les ressources qui leur manquent;

2. Par suite de l'emploi de ces ressources et d'une exploitation plus aisée et convenable, au moyen des facilités suffisantes, les *produits augmentent;*

3. Les *intérêts* et *frais* d'emprunt sont *moindres;*

4. Par l'effet de ces deux améliorations en sens inverse, mais convergeant vers un même but, les *revenus deviennent supérieurs aux charges*, ce qui produit :

5. Un *excédant annuel* qui se capitalise et permet au débiteur, au moyen des facilités qui lui sont accordées,

6. *D'éteindre sa dette* peu à peu avec ces mêmes revenus, et ensuite

7. *D'augmenter son avoir.*

Avant un temps qui n'est pas très-éloigné :

8. *La propriété foncière sera définitivement affranchie* de la charge la plus onéreuse qui l'écrase : la *dette foncière;*

9. Et le crédit de la *propriété foncière et de l'agriculture* sera établi.

Alors :

10. Les prêts hypothécaires, qui sont les plus onéreux, seront presque nuls (1).

---

(1) A mesure que les prêts hypothécaires diminueront, beaucoup de capitaux placés de cette manière se porteront sur les rentes et sur l'industrie qui sera d'ailleurs, désormais, au moyen de la société nouvelle, un mode de placement sûr et avantageux.

11. Et la *banque agricole* recevra son plus grand développement, comme devenant, pour ainsi dire, le seul ou tout au moins le principal *établissement de crédit de la propriété foncière et de l'agriculture.*

12. Par suite de la *mobilisation* et de la *mise en circulation*

De la dette foncière,

D'une partie de la valeur et des revenus du sol,

D'une foule de capitaux oisifs conservés en réserve,

Et du concours des propriétaires fonciers à l'industrie,

13. Le *commerce et l'industrie* obtiennent

De nouvelles et importantes ressources,

Et une grande sûreté,

Qui concourent puissamment au développement de leur prospérité.

14. L'*augmentation de la richesse générale :*

Par l'accroissement des produits,

Par la mise en valeur et production de fonds incultes et de capitaux inactifs,

Et par la multiplication infinie des ressources et des moyens de travail;

15. *La participation de tous à cet accroissement de richesses;*

16. L'*assurance et la fixité des moyens d'existence;*

17. Et la *réunion de tous les intérêts :*

18. *Feront cesser ces perturbations* continuelles qui affligent surtout l'agriculture, le commerce et

l'industrie, et dont le mal retombe sur la société tout entière,

19. *Mettront un frein à cette soif démesurée de fortune* qui porte l'homme aux plus coupables actions, et lui fait chercher dans le hasard ou le crime une richesse prompte qu'il ne doit obtenir que par le travail.

20. *Feront disparaître le paupérisme;*

21. *Assureront l'avenir du travailleur;*

22. *Augmenteront la fortune* et les moyens de jouissance du *riche,* et le *délivreront* des aumônes et des sacrifices auxquels il se trouve obligé et qui deviennent pour certains une lourde charge ;

23. *Etabliront entre les hommes* l'harmonie et l'*union;* feront cesser l'isolement, l'égoïsme, la jalousie et la rivalité qui les divisent, et les *rendront meilleurs.*

24. Enfin, en un mot, assureront :
La *stabilité,* la *paix* et la *tranquillité* générales;
Le *bien-être* et le *bonheur de tous.*

—

COUP-D'ŒIL FINANCIER

SUR LES INSTITUTIONS A FONDER.

Dans l'état actuel des esprits, toute institution qui n'offrirait qu'un résultat moral et même matériel, mais général, quelque avantageux qu'il fût d'ailleurs pour la société, resterait à l'état de théorie et serait peut-être même regardée comme utopie; il faut donc qu'elle présente aussi la possibilité d'une réalisation facile, et des résultats financiers immédiats pour ceux dont le concours est réclamé.

Or, les institutions qui composent le plan d'amé-liorations sociales qui précède, réunissent, au plus haut degré possible, cette double condition.

Ces institutions sont de deux sortes :

L'une , la *société d'assurances générales contre les cas fortuits*, est une société *mutuelle* par coti-sation qui n'*a pas besoin*, pour fonctionner, de ca-pitaux étrangers ou *fonds social*, et son utilité réelle suffit pour en assurer le succès : ceux dont le concours est nécessaire étant précisément ceux qui en ont besoin, et l'avantage qu'elles présentent étant offert presque gratuitement.

Les bénéfices consistant en droits d'administra-tion prélevés sur les cotisations, ne sont soumis et n'exposent à aucune perte : ils peuvent être plus ou moins considérables, voilà tout (1).

Toute démonstration plus étendue à tous ces égards serait superflue.

Les autres institutions qui se forment par actions et appellent des capitaux étrangers sont :

La *banque foncière*,

La *banque agricole et industrielle*,

Et la *société universelle*.

____

(1) La majeure partie des fonctions devant être remplies gra-tuitement, il *est même préférable que les traitemens à allouer soient fixes*. Ce système a un degré de moralité plus grand en même temps qu'il est avantageux aux assurés. C'est celui qui sera employé.

A leur égard la question doit être envisagéè sous deux points de vue :

La *réalisation*

Et les *résultats financiers*.

La réalisation est elle-même soumise à deux conditions :

Les *capitaux* nécessaires

Et les *élémens de travail*.

Les capitaux sont assurés (1) ;

Les élémens de travail existent, ils sont réels, durables, continuels (2).

Les résultats financiers doivent aussi être considérés sous deux rapports.

La *sûreté des opérations*, c'est-à-dire, les chances de perte du capital,

Et les *bénéfices* proprement dits.

Ceci mérite un examen séparé pour chaque institution.

BANQUE FONCIÈRE.

1. *Sûreté. Tous* les capitaux étant employés et garantis par hypothèque sûre à l'abri de tout événement, *aucune perte n'est possible* (3).

(1) L'organisation de chaque institution absorbe presque le montant ¡des actions à émettre actuellement et suffisant pour fonctionner. Le système d'intéresser les employés au succès de l'institution par la possession d'actions de cette institution est le meilleur mode de s'assurer de leur zèle et de leur fidélité, c'est celui que nous adoptons.

(2) Le besoin des institutions à fonder n'est pas douteux, e' ce besoin est l'élément le plus sûr. La dette foncière existe; on v nd et on achète; on prête et on emprunte; les produits doivent s'écouler; l'industrie ne demande que des capitaux, etc., etc.

(3) Les combinaisons de la banque foncière ne laissent rien à désirer. (Voyez les statuts de cette banque.)

2. *Bénéfices.* Les bénéfices consistant en droits de commission ou rémunération, toujours payés ou garantis comme la créance, n'exposent à aucune perte ; les opérations devant nécessairement être considérables et les frais minimes relativement à ces opérations ; la société n'étant enfin exposée à aucune perte ni aucun sacrifice d'intérêts (1) , les bénéfices le seront aussi (2). *L'intérêt des actions* est assuré par l'intérêt des placemens et *garanti* comme lui *par hypothèque.*

BANQUE AGRICOLE ET INDUSTRIELLE.

1. *Sûreté.* Si la sûreté des avances faites par cette banque n'est pas aussi positive que celle des opérations de la banque foncière, il n'en est pas moins vrai qu'elle est fort grande et *suffisante,* puisque les objets consignés en garantie sont toujours d'une valeur capable de répondre de ces avances, à moins d'événemens extraordinaires qu'on ne peut prévoir, dont on ne peut aucunement se préserver, et qu'il serait dès lors irraisonnable d'opposer ; *les objets consignés seront assurés contre les cas fortuits par la société d'assurance mutuelle générale.*

(1) Voyez remarque générale, page 53 et 54, et la note.

(2) Ce n'est pas seulement avec son capital social que la banque foncière opérera,,mais aussi et surtout avec et sur les capitaux étrangers, ainsi que sur les prix des ventes. Or, les opérations de cette nature s'élèvent à environ deux milliards par an. En ne comptant les bénéfices qu'à 1/2 0/0 et supposant le capital social de 20 millions réalisés, qui seront plus que suffisans, on trouve un dividende de 50 0/0 par an.

2. *Bénéfices.* Si on prend pour exemple les opérations isolées qui se font en ce genre, et si on considère aussi que la banque agricole et industrielle, par ses ressources, opèrera nécessairement avec plus d'avantage que tout autre établissement du même genre isolé ; enfin que les bénéfices consistant en droits de commission, *escompte de ses propres valeurs,* etc., n'exposent à aucune perte, on sera forcé de reconnaître que les bénéfices ne peuvent qu'être considérables.

SOCIÉTÉ UNIVERSELLE.

En résumant les sociétés nombreuses qui se sont formées en France jusqu'à ce jour, on acquiert la preuve, qu'en somme et malgré la fraude et les abus, pourtant si graves, qui se sont glissés dans un grand nombre de ces sociétés, elles ont produit d'heureux résultats : 2/3 ont prospéré et 1/3 seulement est en perte ; compensation faite, il y a avantage, et celui qui se serait intéressé dans toutes les entreprises, aurait fait une excellente spéculation. A plus forte raison les avantages auraient été plus grands sans les sociétés mauvaises et la fraude.

Pour juger de l'association, en effet, il ne faut pas considérer une opération *isolée,* mais *toutes* les opérations *dans leur ensemble;* car une opération isolée peut se trouver précisément vicieuse dans sa base ou son exécution, et même dans l'une et dans l'autre, et, dès lors, elle doit nécessairement faillir. Avant que d'entreprendre, il faut *étudier* et *juger,* puis ensuite il faut encore *bien conduire;* pour cela, il faut la *capacité* et les *moyens,* l'une de ces deux conditions manquant, l'autre reste nulle.

Or, la *société universelle* réunira précisément, au plus haut degré possible, ces trois conditions essentielles de succès : elle embrassera la *généralité des sociétés;* elle réunira dans son sein toutes les sommités, les *hommes les plus capables* en tous genres, et elle possèdera des *capitaux suffisans;* elle aura donc ainsi une puissance de lumière, d'étude, de jugement et d'exécution presque infaillible, qui garantit à l'avance le succès de chaque entreprise particulière, et par conséquent des résultats généraux aussi sûrs qu'avantageux (1).

Une autre garantie de succès, en même temps qu'une cause de bénéfices par l'économie, pour les entreprises de la société universelle, résultant de son système de *généralisation,* c'est, d'une part, la liaison d'intérêts que ce système tend à établir peu à peu entre tous les hommes, liaison qui donne à la société autant de surveillans et d'aides que d'individus, et, de cette manière, empêche la fraude et assure une puissance d'action et de moyen capable de déterminer le succès de chaque société, et qu'on ne peut obtenir qu'ainsi (2), et d'un autre

---

(1) Voir les statuts de la Société Universelle.

Aucune entreprise ne sera fondée, commanditée ou appuyée par la Société Universelle qu'après examen par les divers comités y attachés.

(2) Il est évident que les actionnaires de la Société Universelle seront intéressés au succès de chaque entreprise fondée ou ap-

côté la diminution des frais d'administration des diverses sociétés, ainsi qu'il est dit, page 54.

La société universelle offre donc, comme placement industriel, la plus grande sûreté et les plus grands avantages.

Ici finit la première partie de notre tâche, de notre œuvre, nous osons dire de notre mission sociale : nous avons signalé le mal, nous avons indiqué le remède, tous nos efforts maintenant vont être dirigés vers l'application.

Nous comprenons l'immensité du travail, mais nous croyons l'avoir rendu simple et facile, et nous espérons d'ailleurs trouver, avec l'aide de *Dieu,* dans l'accomplissement de notre devoir sacré envers Dieu, envers la société et envers nous-même, le courage et la force nécessaires pour conduire notre œuvre à bonne fin; l'abandonner quand le peuple de Dieu est intéressé à sa réalisation, ce serait un crime de lèze-humanité : nous pourrons périr à la tâche, mais nous n'y faillirons pas!

Nous ne nous dissimulons pas non plus les obstacles que nous rencontrerons, et nous en avons mesuré toute l'étendue et toute la force; nous comptons sur le concours, l'aide et l'appui des

puyée par elle. Que ce soit une fabrique, par exemple, qui soit fondée, l'écoulement des produits ne sera-t-il pas assuré par les actionnaires de la Société particulière et de la Société Universelle qui auront intérêt à s'approvisionner à la fabrique ?

hommes de bien ; nous en appellerons , au besoin , à la justice de Dieu , et le triomphe de la cause de l'humanité est assuré !

N. B. La fondation des institutions ci-dessus indiquées devant nécessairement contrarier quelques intérêts privés, on appellera à y concourir, autant que possible, les personnes qui mériteront cet égard.

* 9 7 8 2 0 1 3 5 3 6 8 2 0 *